改訂

GAAP翻訳研究論

竹森一正

東京図書出版

序　文

　小著『改訂 GAAP 翻訳研究論』は GAAP の英和訳について論じている。GAAP は会計学の講義の初回に必ず現れる用語であるから入門段階での知識という感じもするが、奥は深い。GAAP を深く理解するには米国の歴史、大統領の動向および政治経済動向等の米国の政治経済についての知識が必要である。これに米公認会計士協会（AICPA）関連情報が加わる。GAAP は Generally Accepted Accounting Principles の省略形であり、かつては gaap すなわち generally accepted accounting principles とされたこともあった。わが国において GAAP は「一般に認められた会計原則」または「一般に公正妥当と認められた会計原則」と訳される。この訳はわが国において広く通用しており、誰もがこの訳から会計学または会計学研究へと入っていく。大学等での会計学初学者はこの訳を唱えたりノートに書きこんで頭に入れる努力をする。学習の要点として Generally（一般に）と Accepted（認められた）と Accounting Principles（会計原則）との3つについて意味を教科書または教授の講義に沿って理解する。

　学習が進むと GAAP の形成過程についての substantial authoritative support が紹介される。これは GAAP の「実質的な権威の支持」または「本質的な権威の支持」と訳されている。このフレーズにある「権威」は政府であり、政府機関は企業会計審議会を指すとされている。この理解も普遍的と言えるほど通用している。講義では同審議会が答申した「企業会計原則」がわが国における GAAP である、と紹介される。この後に会計学の細目に入る。

　わが国の会計学には見落としの部分があって、しかも半世紀に及んで放置されていることを誰も問うことがなく推移している。この背景はわが国における教育課程で培われた英語または英語力が大きく影響している。成績が良いと自他共に認められるほどの人々ほど、この日本という環境の中でトップクラスとのプライドを持っているから改めて自身の英

語力を問うことはない。学術度が高くなればなるほどこの傾向は強くなりわが国の秩序の一部となっていると言っても過言ではない。ただしその実態であるが、わが国の英語秀才は講義の試験や受験問題で好成績を収めた人々であり、日常生活における英語コミュニケーションとは異なる能力で評価されていることが特徴である。これらの秀才とされる人々は英語を母国語としない教師によって日本人だけのクラスで英語を学んだ上に、日本語だけで暮らしている生活の中で身につけた英語力である。米国に関する知識と情報は教科書や英和辞典を通じて得るものということはなく、むしろ米国で生活したり米国人との会話から得たものは情報源として重きを置かれていない。このような英語環境において米国の概念および各種資料によって会計学研究を行う場合、わが国の英語秀才が陥っている問題が翻訳に影響するがわが国内ではその翻訳によって理解が進む。わが国における英語秀才はどの試験でも高い得点を得ていた成功体験を持っているから文法知識をフル回転して単語を正確に英和に置き換えて英和訳する。

　米国人の世間話を聞いても意味不明となるのはわが国においては米国の生活情報は殆どないからやむを得ないかもしれない。例えばわが国ではワイオミングやウィスコンシン等の地名を知っている人はいても内容を知る人は少ない。わが国では辞書を引いてこれらが州名であることを知るが、それだけであり、英和訳における内容の理解は保証されていない。米国人が米国における問題解決のために公表した資料を英和辞典に即して忠実に英和訳しても解決策を真に理解することは困難である。他国語である英語で示されているものを米国人同様に把握することは独自の文化を持ち歴史が異なっているわが国においては難事業であり様々な努力が求められる。

　わが国において米国理解を妨げている原因の一つに日本人が編纂して日本人経営の会社が刊行している英和辞典がある。われわれは英和訳に際して英和辞典を引くが、この辞典の原型が江戸時代末期にかなり急ごしらえで作られたことは知る必要がある。わが国の英和辞典は「ヘボン」と自称した米国人キリスト教宣教師・医師の James Hepburn が在日

西洋人の便宜のために日本ガイドブックとして作成した和英辞典に始まっている（英和辞典はこの和英部の日英並べ替えでできた）。辞典編纂の専門家が米国語辞典と日本語を対応させて作ったものではない。このヘボンによる英和辞典はその後も刊行され続けたため、勘違いや英国古語の流用等はそのまま使われてわが国における英和辞典の定番となった。

　ヘボンは奥野昌綱を育てたという功績も残している。ヘボンの渡来はキリスト教の布教が本来の目的であり、その手段としてわが国になかった日本語聖書を完成させることが念願だった。しかし日本語で翻訳するのは自力で困難であったため奥野を助手として雇った。ヘボンは奥野のおかげで英和辞典編纂も聖書翻訳も完成することができた。ただし奥野は米国事情に疎かったし、知識不足の部分を昌平坂学問所で培った知見で補ったようであり、ヘボン英和辞典に誤訳があってもわが国では却って心情的に合うために好んで使われることとなった。

　Edwin Reischauer はハーバード大学の日本研究において「ひよわな葦（uncetain weed）という現象を指摘している[注1]。すなわち、わが国でしばしば起こる、外国文化を輸入する際に誤訳であっても使い続けて日本語として定着させてしまう現象である。ちなみに中国のトイレットペーパーである「手紙」は日本では別の意味になり、米国における退役軍人である「veteran」は熟練者の意味で使う等の例がある。GAAP は generally も authoritative も訳したものは「ひよわな葦」の現象によってわが国において米国におけるのと別の意味で定着している。米国人にとっての general は「最高」であり「全体的」でもあるが「一般の」ではない。従ってわが国では GAAP を米国人の考えと異なる意味で理解している。米国人が general を「最高」とするのは地位を示す場合が多いから日常的に使うならば「全体的」であろう。また GAAP の形成過程のキーワードである authoritative は米国では「論拠の」または「出典の」であるがわが国では「権威の」である。しかもこの用法は17世紀頃の英国古語である。更に米国人にとって「権威」は独裁の類似語であり民主主義に反する考えとして忌み嫌っている[注2]。米国人は会計を民

主主義の根底とする考えを共有しているから会計原則形成過程に「権威」を入れる余地はない。わが国の英和辞典に記載されているから信じていても『ウェブスター辞典』やその他の米国語辞典を参照すれば別世界となる。違う意味を敢えて普及させることで何らかの政治的方向へ誘導しているとの観察もある（筆者が米国議会図書館質問コーナーへ質問した際の同館アジア部門からの回答）。

わが国会計学者のうち数百人が米国留学を経験しているが、米国文化を辞典の形で示している『ウェブスター辞典』を無視したままだったようである。幕末から明治にかけて福沢諭吉は訪欧米使節団に随行した際に幕府から預かった資金の大半を使って「ウエブステル※」400冊を購入し、帰国後、各方面に配ったとのことである（※当時は「米国語辞典」であったから編著者名を辞典通称とした）がわが国において同辞典が普及することはなかった。福沢が命がけで訪米し購入してきた歴史があったのにわずか100年で手元にあるポケットサイズの英和辞典が英訳の基本として優位を持つことになった。筆者は大学および大学院当時に generally と authoritative について先輩や教授達の示す訳に賛同できなかったが、2013年に中部大学名誉教授となったのを機にこれまで体感的に不快感を持っていた2語の英和訳に関して『ウェブスター辞典』に示される記述を基本として研究を進めた。会計学研究の片隅を灯すことができた。

第5章は特に紙幅を費やしている。同章はわが国の会計学区分では監査論に属するが、independent auditor を「独立監査人」と訳して本来の意味を歪めて理解していることと、independent は米国人が抱いている建国の精神とプライドであるから特記の意味がある。米国においては資本主義と民主主義は直に関連するという意識があり、その核心が independent auditor（筆者訳では脱柵性ある監査人）であるからわが国の用法では誤解を招く恐れがある。米国人にとっての independence は「独立」の語感から更に広がりを持っている。ワシントンDCの議会正面から延びる通りが Independence Avenue と称されることにも窺える。

筆者が米国人との交流から生の英語を身に付けることができたのは生活の周辺で出会った米国人による。東京都板橋区での遊び友達であった

Glenn L. Benson 米陸軍兵士、グラント・ハイツ内の自宅で英会話教室を開催した Sullivan 米陸軍軍曹、筆者の自宅の隣の住人 Robert L. Hoyt 米陸軍兵士、東京都立北野高校の英会話講師であった Baker 米空軍中佐（当時）夫人、同中佐の Mary 令嬢の高校の担任 Richard T. Berry 先生、ワシントン・ハイツ内教会の Gotier 神父に感謝する（初対面順）。

　研究や研究論文を実現させる方法について指導をいただいた西澤脩博士（早稲田大学）には心からお礼を申し上げる。栄子奥様には公私共にお世話になった。Catherine Schipper、會田義雄、佐藤倫正、廿日出芳郎、三代澤経人の各氏からは優れた英語力との評価をいただき心の糧となった。2014年から10年に及んで当研究の進捗に応じて日本会計研究学会において自由論題報告を行った。空席が目立つ会場であったが、阿部仁、澤村隆秀、威知謙豪、仁川栄寿の中部大学会計学教授陣の先生方は常に足を運んで下さり、おかげで力を得た（アイウエオ順）。

　筆者は2023年7月にアマゾンから『GAAP翻訳研究論』を刊行した。この度、東京図書出版様のご厚意によって同著の改訂版として同上書では掲載できなかった部分を含めて新書名により小著を刊行することとなった。編集を担当し細部に至る指導をいただいた東京図書出版の皆さんには厚くお礼申し上げる。

　この書を『ウェブスター辞典』に忠実に米国会計学文献を翻訳しようと努める後進の先生方に捧げる。

　　横浜市南区の書斎より前方後円墳様の青龍山寳称寺を眺めつつ〆る。

2024年9月　著者

注1　Reischauer, Edwin O. 1977. *The Japanese*, Cambidge, MA: The Belknap Press of Harvard University Press.
注2　Montgomery, Robert H. 1937. "What Have We Done, and How?" *Journal of Accountancy*, Vol. 64, No. 5, November 1937.

目　次

　　　序　文 i

第1章　GAAPの英和訳を検証する 9
　　　第1節　GAAP翻訳研究の意義と課題 9
　　　第2節　日米間の会計原則形成 12

第2章　GAAPとauthoritative supportを検証する 19
　　　第1節　米国現代史におけるGAAP 19
　　　第2節　AICPAのsubstantial authoritative support 20
　　　第3節　米国識者のsubstantial authoritative support 21
　　　第4節　わが国のsubstantial authoritative support 23
　　　第5節　『ウェブスター辞典』1871年版 24

第3章　わが国のgenerallyとauthoritativeを
　　　　　　検証する 30
　　　第1節　「権威の支持」による会計原則の制定の意義 30
　　　第2節　スタディ・グループの翻訳 31
　　　第3節　ARS7とauthoritative support 35
　　　第4節　日本会計研究学会長経験者による
　　　　　　　generallyとauthoritative 37
　　　第5節　日本会計研究学会長非経験者による
　　　　　　　generallyとauthoritative 42
　　　第6節　わが国におけるgenerallyとauthoritative
　　　　　　　の誤訳の根源 46

第4章　fair valueを検証する 49
　　　第1節　公正価値会計の英和訳 49

第2節	FASBによる公正価値の体系	51
第3節	わが国におけるレベル3の記述	53
第4節	Robert Herz議長の先見性と対策	54
第5節	fair valueの英和訳への提言	55

第5章　independentおよびindependenceを検証する ... 58

第1節	わが国における「独立監査人」の意義	58
第2節	わが国法律・機関による「独立監査人」	64
第3節	海外におけるindependence または independent auditorの記述	67
第4節	辞書に見る「独立」または independent/independence	80
第5節	結論：Independent Auditorの啓蒙から GAAPの形成	85

第6章　ヘボン英和辞典と奥野昌綱 ... 94

第1節	ヘボン英和辞典の展開と英和訳の推移	94
第2節	1880年以降のわが国の英和辞典	99
第3節	ヘボン英和辞典とARS7における翻訳問題	103
第4節	GAAP/SASの理解におけるヘボン英和辞典の功罪	105

| 資料甲 | 日本会計研究学会長 | 115 |
| 資料乙 | 企業会計審議会長 | 116 |

エピローグ　佐藤倫正博士を悼む ... 117

第1章　GAAPの英和訳を検証する

第1節　GAAP翻訳研究の意義と課題

1 わが国におけるGAAPの認識

　近年のわが国における会計学研究は米国会計研究を基礎として展開してきた。そのテーマの一つにGAAPがあった。1930年代に米国においてGAAPについての議論が始められた頃はgaapまたはgenerally accepted accounting principlesと表現されていたが、1960年代にGAAPと記されて一般化した。GAAPはGenerally Accepted Accounting Principlesの略語であり、わが国において「一般に認められた会計原則」または「一般に公正妥当と認められた会計原則」と訳される。桜井久勝は次のように個別の英和訳を示している[※]［桜井、2014、pp. 48-49］（※桜井著を選んだのは桜井が当稿案の時点での日本会計研究学会長であり学会の大多数の学説および見解を示していると評価したためである。筆者注）。

　　Generallyは「一般に」、
　　Acceptedは「公正妥当と認められた」、
　　Accounting Principlesは「会計原則」。

　わが国においてこの英和対応は広く普及しており、多くの著書において桜井と同様の解説がある。会計学研究における英和翻訳では翻訳者が英語に習熟しており、執筆の意図を正確に把握していることになっているから『ウェブスター辞典[※]』に記載されている意味と同じはずである。翻訳が直訳であっても意訳であっても変わることはないことが期待される（※ Noah Websterおよび後継者が関与した米国語辞典の筆者の総称。筆者注）。

② 『ウェブスター辞典』によるGAAP

　桜井が示したGAAPの各語を検証するために『ウェブスター辞典』における記述を参照する。同辞典は各語を次のように示している。

　　generally は「全体的に[注1]」
　　accepted は「受け入れられた[注2]」
　　accounting principles は「会計原則・手続き[注3]」

　これらをまとめれば「全体的に受け入れられた会計原則・手続き」となり、わが国における定説と異なる。generallyが「全体的に」であれば被監査会社の会計原則を100％認めたことになり、余裕の幅を取っても90％は認めたことになる。統計的に大多数を$1σ＝68％$とすれば約70％を得る。これに対して「一般に」とすると過半数を認めたことになり、50％〜70％を認めたことになる。結果的にわが国では50％〜30％の範囲で会計原則を認めない場合でも可とすることになる。これだけの割合であっても会計原則として認めるということは会計処理に恣意性や政治介入を認めることにつながる。わが国では会計原則は「公正妥当」に認められることになっているから「公正」でない場合であっても「妥当」であれば適正としてよいという意味になる。米国ではAICPA会計原則審議会も財務会計審議会もgenerallyは「全体的に」の意味であり「公正妥当」の意味はない。

「企業会計原則」が答申された当時は第二次世界大戦終戦からさほどの年月を経ていなかった時期であり、また早急に証券取引法を整備せねばならない事情もあったであろう。結果として米国資料の翻訳は正確な英和訳の努力を省いて行われた。翻訳の根拠も当時の先生方が愛用していた小型の英和辞典であったとすればgeneralが「一般の」とすることは常識的であり全員が賛同していたであろう。『研究社英和大辞典』[注4]を逐一参照すれば別の訳もありえたはずだったが、わが国での常識的英和訳に従った「一般に認められた会計原則」の訳に疑問を抱かないことは時代背景として当然だったろう。『ウェブスター辞典』または

第 1 章　GAAPの英和訳を検証する

『オックスフォード辞典』等を参照することは意識になかったのであろう（Oxfordを書名に含む辞典の総称。筆者注）。

3　Reed Storeyによるgeneral

　Storey は Carmichael 編『会計人ハンドブック』の第 1 部「会計基準および衆目一致による規則形成組織の構造」第 1 章「財務会計概念と基準のフレームワーク」の中で general purpose について次のように述べている（※は筆者訳。ゴチ体は原文による）。

　　投資家や債権者等の資源提供者のような集団は共通の利害を持ち共通の情報ニーズを有するから**全体的**※**目的**の財務諸表は可能である。**全体的**※**目的**で財務報告を行うことによって企業外に居るとかエンティティに自分が意思決定のために必要とする会計情報を提供させる力を持たない利用者とかに情報を提供する。したがってこれら利用者はエンティティの経営管理者によって使いやすいように作成された情報に頼らねばならない。（以後、いくつかの文章は著者の便宜によって省略する）**全体的**※**目的**の外部財務会計および財務報告は全体として※受け入れた会計原則に基づいている情報を提供する。同情報は主としてFASBおよび同機関の情報提供者の論拠ある刊行物から得るまたは得ており柵(シガラミ)にとらわれない※公認会計士が監査しているものとする。[1.1　FASBと全体的※目的外部財務および報告]

　General purpose financial statements are possible because several groups, such as investors, creditors, and other resource providers, have common interests and common informational needs. General purpose financial reporting provides information to users who are outside a business enterprise or not-for-profit organization and lack the power to require the entity to supply the accounting information they need for decision making; therefore, they must rely on information made available to them by the entity's management. (hereafter, a few sentences are abbreviated by the author's convenience) **General purpose** external financial accounting and reporting provides information that is based on generally accepted accounting principles, which result and have resulted primarily from the authoritative pronouncements of the FASB and its predecessors, and is audited by independent certified public accountants. [1.1 The FASB and General Purpose External Financial and Reporting]

第2節　日米間の会計原則形成

1 日米間の会計原則の比較

　米国においてはGAAPは財務会計基準審議会（FASB）が公表する会計基準を言う。これはわが国の民間機関である企業会計基準委員会（ASBJ）が公表する「企業会計基準」に相当する。わが国ではかつては「企業会計原則」が相当すると言われていた。米国では伝統的に社会ルールが慣習法によるとされ、GAAPも慣習法によって形成される。しかしわが国ではかつては官庁尊重が基本であったため、企業会計審議会が公表した。今日は日米間でGAAPの形成主体および形成過程は基本的に同じである。

　わが国では英語を生活のコミュニケーションのために聞いたり話したりする人は少ない。わが国において英語の勉強の動機または目的は、中学および高校の必修科目であるためとか上級学校への受験のためであろう。わが国では英語は学校という教育の中で学び採点される。そのため英語の知識の大半は担当の先生から得る。他に参考書や学習塾も情報源となる。目的が期末試験であったり受験であるから、『ウェブスター辞典』を参照したり米国新聞を見たり、米国のテレビ放送を視聴することはごく稀であろう。文章の用例や単語の意味はあくまで教科書を中心として調べ、受験参考書がこれに次ぐ程度であろう。

　担当の先生が述べる英和訳はそのまま受け入れられて知識となり、受験勉強にも使われる。生徒側は先生が間違った英語を教えるとは考えていない。先生側も義務教育では文部科学省の指導要領に即して授業する

から自信を持っている。義務教育で先生という指導者の下で英語を勉強してきた学生は大学生になっても対教師関係は同じである。教授が講義中に generally や authoritative の英和訳を示すと学生は疑うことなく、その内容をノートに記述する。またはその場で頭に入れてしまう。

　桜井が講義において GAAP の generally を「一般に」と述べれば、学生はその言葉に疑いを持つことなく信じる。桜井が学生・大学院生であった当時に教授の言葉を信じて継承したように、桜井も継承を行う。ここに曲解であっても伝承されていくことが分かる。わが国大学のすべてで行われている現象である。伝承を受けた学生は米国においても官庁主導で会計原則が形成されていると思い、またわが国と同じく米国人も「一般に公正妥当な」会計原則によっていると考える。

2 わが国における generally の翻訳例

　1970年に AICPA 会計原則審議会（Accounting Principles Board）は第4号ステートメント「企業の財務諸表の基礎となる基本概念および会計原則」（*Basic Concepts and Accounting Principles Underlying Financial Statements of Business Enterprises*、APB4）を公表したが、わが国ではここに記述された generally を「一般に」と翻訳して紹介した。この訳は米国において共有されているのとは別ものであり、わが国独自の勝手な解釈であった。せめて米国人が米国で論じているものと異なることを注記すべきであったが、「一般の」の訳はわが国各方面で信じられた。この訳では AICPA の意図と違ってくるという意識はなかった。

　筆者はこの問題について調査し、次の翻訳例を得た（氏名五十音順）[竹森、2014、pp. 51-78]。

ア．新井清光の記述

　GAAP とは、一定の時代における「同意」によって一般に受け入れられるようになったものであり、「慣習的」なものであるとし、それは「一般的承認」と「実質的に権威のある支持※」といった概念に基づく［新井、1971、p. 104］（※新井による authoritative を含

むフレーズの訳、以下同。この英和訳の問題は第2章において検討する。筆者注)。

　新井はAPB4の翻訳において、米国におけるGAAPが慣習法によって形成されているという記述があったのにかかわらず、GAAPが官庁主導で形成されていると述べた。新井は米国事情を曲解して紹介した。

　イ．飯野利夫の記述
　　会計問題といえば、日本では固有名詞としての「企業会計原則」を想いうかべるが、それでなければ、形容詞のつかない、いわば裸の会計原則でなくて、「一般に公正妥当と認められた」と形容詞のついた会計原則である。(中略) 公報 (Accounting Research Bulletin) に掲載されたものだけが、「一般に」認められたものと考えられるべきでなくて、それ以外にも「一般に認められた」ものが存在すると考えることができる［飯野、1970、pp. 14-16］。

　ウ．江村稔の記述
　　ステイトメント第4号が明らかにした「一般に認められた会計原則」なるものが（中略）何とも見通しを立てることは不可能である［江村、1971、p. 101］。

　エ．中島省吾の記述
　　米国公認会計士協会で一般的に会計原則と考えられているものがなにかを検討せねばならない［中島、1972、pp. 76-80］。

　中島は当時の米国においてFASBが設立中であることを知らなかったようである。
　3氏は揃ってgenerallyを「一般に」と翻訳した。翻訳した内容が原典と異なっていることに誰も気が付かなかったことは謎である。3氏は米国人の英語感を多少なりとも知っているはずであるが、米国人の意

第1章　GAAPの英和訳を検証する

図とかけ離れた訳を行ったのは不思議である。米国においては generally が「全体として」や「最高として」の意味で使われているが、この感覚は得なかったのであろう。3氏は各種の文章の中で generally を見たはずであり「一般に」では意味が通じなかったはずであるが、やり過ごしたことになる。

　3氏はわが国で常識である generally を「一般に」という英和訳によって翻訳した。これは誤訳であるから解説をすればするほど学生や読者は混乱したはずである。

注1　*Merriam-Webster's collegiate dictionary* において general は次のように示されている (*Merriam-Webster's collegiate dictionary*, 2003, p. 520)。generally は general の副詞形である。

> 1general. **1**: involving, applicable to, or affecting the whole. **2**: involving, relating to, or applicable in every member of a class, kind, or group <the〜 equation of a straight line. **3**: not confined by specialization or careful limitation **4**: belonging to the common nature of a group of like individuals: GENERIC **5a**: applicable to or characteristic of the majority of individuals involved: PREVALENT **b**: concerned or dealing with universal rather than particular aspects （**6** と **7** は省略、筆者注）

> 2general. **1**: something (as a concept, principle, or statement) that involves or is applicable to the whole **2**: SUPERIOR GENERIC **3**: *archaic*: the general public: PEOPLE **4a**: GENERAL OFFICER **b**: a commissioned officer in the army, air force or marine corps who ranks above a lieutenant general and whose insignia is four stars—compare ADMIRAL. 〜 **in general**: for the most part: GENERALLY

注2　accept は次のように示されている（ibid., p. 7）。

> **1a**: to receive willingly <〜 a gift> **b**: to be able or designed to take or hold (something applied or added) <a surface that will not〜 ink> **2**: to give admittance or approval to <〜 her as one of the group> **3a**: to endure without

protest or reaction <～ poor living conditions> **b**: to regard as proper, normal, or inevitable <the idea is widely～ *ed*> **c**: to recognize as true: BELIEVE <refused to the explanation> **4a**: to make a favorable response <～ an offer> **b**: to agree to undertake (a responsibility) <～ a job> **5**: to assume an obligation to pay; *also*: to take in payment <we don't ～ personal checks> **6**: (省略、筆者注)

注3　principle は次のように示されている（ibid., p. 987）。

1a: a comprehensive and fundamental law, doctrine, or assumption **b(1)**: a rule or code of conduct **(2)**: habitual devotion to right principles <a man of ～ > **c**: the laws or facts of nature underlying the working of an artificial device **2**: a primary source: ORIGIN **3a**: an underlying faculty or endowment <such～s of human nature as great and curiously> **b**: an ingredient (as a chemical) that exhibits or imparts a characteristic quality **4**: *cap, Christian Science*: a divine: GOD—**in principle**: with respect to fundamentals <prepared to accept the proposition *in principle*>（以後略、筆者注）

注4　同上語彙は『研究社英和大辞典』において次のように示されている（研究社、1982、p. 871）。

general
Adj. **1**（社会・団体などの）全員に関する、全体に通じる；特定［特殊、部分的、地方的］でない；全般的な、総体的な、全体的な、普遍的な；a～ attack 総攻撃/a～ manager 総支配人/a～ meeting [council] 総会/a～ panic 全国的恐慌/a～ war 全面戦争/a～ principle 通則、一般原則/～ provisions ［法律］総則、通則/a～ rainfall 全国的降雨/—⇒ a general agent, general rule. **2**　社会の大部分に共通な、世間一般の；a～ practice [custom] 世間一般の慣行/a～ opinion 一般的世論/～ the public 一般社会、公衆/広く一般の人々が興味を持つ［経験する］事柄/It is a～ belief that……というのが世間一般の信じるところである。**3**　特定の一部門に限らない。専門的でない、一般的な；雑多な（↔ *special*）；～ affairs 庶務 /a～ reader（専門家でない）一般読者 /a～ storekeeper 雑貨商人（以下略）

参考文献（アルファベットまたはアイウエオ順）

American Institute of Certified Public Accountants. 1964. NEWS REPORT. "American Institute Council Acts on Recommendations For Disclosure of Departures from APB Opinions," *Journal of Accountancy*, October 1964.

(―). 1970. *Basic Concepts and Accounting Principles Underlying Financial Statements of Business Enterprises*, Accounting Research Bulletin No. 4 of Accounting Principles Board, New York, NY: American Institute of Certified Public Accountants.

Armstrong, Marshall S. 1969. "Some Thoughts on Substantial Authoritative Support," *Journal of Accountancy*, Vol. 125, No. 4, April 1969.

Cooper, W. W. and Yuji Ijiri (Editors). 1983. *Kohler's Dictionary for Accountants*, 6th edition, Englewood Cliffs, NJ: Prentice-Hall, Inc.

Grady, Paul. 1965. *Inventory of Generally Accepted Accounting Principles for Business Enterprises*, An Accounting Research Study No. 7 of the American Institute of Certified Public Accountants, New York, NY: American Institute of Certified Public Accountants, Inc.

Merriam-Webster's collegiate dictionary, 2003. Eleventh edition, Springfield, MA: Merriam-Webster, Inc.

Storey, Reed K. and Sylvia Storey. 1991. "The Framework of Financial Accounting Concepts and Standards," Chapter 1, Part I Structure of Accounting Standards and Authoritative Rule-making Organizations, Douglas R. Carmichael ed. 1991. *Accountants' Handbook*, seventh edition, New York: John Wiley & Sons.

United States Securities and Exchange Commission. 1938. *Accounting Series Release*, No. 4, Washington, District of Columbia: Securities and Exchange Commission.

Webster, Noah. 1871. *an American dictionary of the English language,*

Exhibiting the Origin, Orthography, Pronunciation, and Definitions of the Work, Philadelphia, PA: J. B. Lippincott & Co.

Wheat, Francis M. 1969. *Disclosure to Investors: A Reappraisal of Federal Administrative Policies, under '33 and '34 Acts*, Washington, District of Columbia: The Commerce Clearing House.

新井清光（1971）「APBの新会計原則について」『企業会計』Vol. 23、No. 6、1971年6月号。

飯野利夫（1970）「会計原則審議会の教訓 — 会計原則をめぐる諸問題 —」『会計ジャーナル』1970年11月号。

江村稔（1971）「APBステイトメント第4号の考察」『企業会計』Vol. 23、No. 6、1971年6月号。

黒澤清監訳（1968）『会計原則研究』日本経営出版会。

桜井久勝（2014）『財務会計講義』中央経済社。

中島省吾（1972）「アメリカ合衆国の会計制度の特色」『企業会計』Vol. 24、No. 2、1972年6月号。

第2章　GAAPとauthoritative supportを検証する

第1節　米国現代史におけるGAAP

1 Roosevelt大統領とSECの設立

　1929年に米証券市場の大暴落に始まった世界経済恐慌は米国においてHerbert C. Hoover大統領およびPaul Grady等の大統領補佐官の奮闘も虚しく国中に荒廃を招いた。1933年にFranklin D. Rooseveltは経済恐慌からの回復を訴えて米国第32代大統領となった。

　Rooseveltは経済恐慌からの復興政策としてテネシー峡谷開発計画（TVA）を行って経済浮揚と雇用を図ったことが有名である。一方、Rooseveltは恐慌の原因の一つに粉飾決算となれ合いによる監査があると考えていたために連邦政府機関によって証券取引を管理することを考え、証券取引委員会（Securities and Exchange Commission, SEC）を発足させ、長官にJoseph P. Kennedyを任命した。RooseveltはKennedyの能力によって証券規制の実施を試みたと言われている。この登用は悪評が高かったが、禁酒法の時代に法律の抜け穴を利用して巨富を築いた能力を評価し、裏側を知り尽くしたからこそ米国経済を再生できる手腕を持つと期待していたようである。それほどまで経済恐慌の傷跡は深刻であり、Rooseveltにとっては米国民主主義が崩壊することが最大の危惧であった。

　Rooseveltは1941年に証券法を、1942年に証券取引法を制定し、一挙に2つの証券規制の法律を施行した。財務情報開示と公認会計士の監査は法的に強制した。この政策によって投資家は企業を信頼して投資を行い、それによって経済復興が進み、資本主義を回復することができると期待した。その結果として米国民主主義の維持も期待した。

2 「会計連続通牒」第4号とgaap

　財務情報開示の品質を保証する監査はgaapによって行われていることが基本となる。SECはgaapの考えを広めるために会計学の叡智としてCarman Bloughを招聘し、財務情報開示に関して権限を持つ主任会計官に就任させた。その任務はこれまで学会において論議されていたgaapを進めて財務情報開示を完成させることであった。従来、米国会計学会においてもAICPAにおいてもgaapをどのように形成するかについて議論が進んでいたが、SECは1938年に「会計連続通牒」第4号（*Accounting Series Release*, No. 4）を公表して「確定的な論拠ある背景※がない会計原則による場合、財務諸表に重要な問題がある場合は当該財務表に付記される脚注に書かれた開示事項の如何にかかわらず誤ったまたは不正確な判断に導く」[注1]との見解を示した（※筆者訳）。

　SECは被監査会社のgaapは「確定的な論拠ある背景」によって形成すべきことを強調した。同通牒における重点はauthoritative supportであり、（慣習法によって得るものであるから）gaapは民間が対応するという官民区分を明らかにした。SECは法規制によらない状態で議論が興るよう配慮したことを示している。同通牒によって米国におけるgaap議論は1つの段階を通過した。

3 Werntzによる「柵を脱した監査」

　gaapについて対応が進むと監査が残された課題となる。SECはWilliam W. Werntzを第2代主任会計官に任命し、公認会計士の意識の啓蒙に臨んだ。Werntzは、全国を講演し、公認会計士が「柵(シガラミ)を排除した監査人※」（independent auditor）となるよう意識改革を訴えた（※筆者訳。「独立」した監査人ではない）。

第2節　AICPAのsubstantial authoritative support

1 AICPA特別委員会報告（1964年）

　1960年代に入ると米国経済は史上最高の繁栄を見せるようになり、

第 2 章　GAAP と authoritative support を検証する

企業が新しいビジネス・モデルや革新的技術を取り入れたため従来とは異なる経営管理が見られるようになった。会計もこの影響を受け、従来の会計原則だけで考えると監査が不明朗になりかねないことが危惧された。この新しい事態に対応するために AICPA は1960年代に入って新しい時代の会計原則について検討した。1964年 AICPA は特別委員会（Werntz 委員長）報告を公表し、同報告の第 1 項において「全体として受け入れた会計原則は確定的な論拠の背景※を持つ原則である」を示した（※筆者訳）［AICPA, 1964, NEWS REPORT］。本項の核心は会計原則の形成の前提である substantial authoritative support であった。原文は次のとおりである。

> Generally accepted accounting principles are principles which have substantial authoritative support.

2 AICPA「会計研究叢書」第 7 号

1965年に AICPA は Grady 著による「会計研究叢書」第 7 号（Accounting Research Study, No. 7, ARS7）を公表した。ここでは上述の AICPA 特別委員会報告を全文引用して GAAP と substantial authoritative support との関連を強調した［Grady, 1965, p. 18］。そのため GAAP は「確定的な論拠を背景とする全体として受け入れられた会計原則」であることを定義した。1938年の SEC「会計連続通牒」第 4 号、1964年の AICPA 特別委員会報告および1965年の ARS7は、公認会計士が監査において認識する会計原則は「確定的な論拠の背景※」（substantial authoritative support）に基づいて形成されるとの見解において一線上に並んでいる（※前頁2に同じ）。

第 3 節　米国識者の substantial authoritative support

ア．Armstrong による解説

AICPA のトップ層は substantial authoritative support について賛同した

が、監査の現場にある公認会計士から会計原則が substantial authoritative support に基づいて形成されているということは何をどう実行すれば得られるのか、という質問が多く寄せられた。この問い合わせに対応するため Marshall S. Armstrong 会長は Journal of Accountancy に論文「確定的な論拠の背景に関する若干の思い」("Some Thoughts on Substantial Authoritative Support") を公表し、公認会計士が監査中に初めての会計処理に直面した場合に次の具体策によって解決することを提案した。

1．監査中に見たことのない会計処理があったら文書に記録する
2．その取引の関連文献を調査する
3．AICPA『会計の傾向と技法』を参照し、その取引と類似の問題をかかえる企業に尋ねる
4．大学、関連官公庁、早耳筋の公認会計士に相談する
5．以上の情報を表にまとめる
6．財務担当執行役員が結論を出す

Armstrong 論文は効果があり、公認会計士全般に広がっていた疑問は解消した。

イ．FASBによる substantial authoritative support

1972年に AICPA は財務会計財団（FAF）を開設し substantial authoritative support による会計原則の形成のための機関の設立に着手した。1973年に「ホイート報告書」[注2]および「トゥルーブラッド報告書」[注3]を公表し、これら報告書は substantial authoritative support に基づく会計基準の形成のための組織化を提言していた。1973年に財務会計基準審議会（Financial Accounting Standards Board, FASB）が設立され、AICPA とは別機関として運営が開始された。

ウ．Cooper=Ijiri の記述

1983年に Cooper=Ijiri は『コーラー会計学辞典』の改版に当たっ

て substantial authoritative support を項目に追加し、次の定義を示した［Cooper and Ijiri, 1983, p. 492］。（筆者訳。イタ体は原文による）［竹森、2019、pp. 32-33］。

権威者の人々〔(3) を見よ〕または権威筋による見解のステートメントまたは記述、もしくは特定の計算実務または会計報告実務を妥当とするに足る広く用いられている実務の存在。監査を担当する公認会計士は会計原則審議会の意見書または財務会計基準審議会があるクライアントの計算方法が確定的な論拠の背景を持つということで公表するステートメントとかけ離れることはないから、「確定的な論拠の背景」を訴えることを定型文とするものではない。

Statements or expressions of opinion by *authorities* [*See* (3)] or by authoritative bodies or an existence of extensively used practices which can be referenced to support particular accounting and reporting practices. Appeal to "substantial authoritative support" by practicing certified public accountant has become less frequent. since they can no longer deviate from an opinion of the *Accounting Principles Board* or Statement from the *Financial Accounting Standards Board on the basis that a client's procedure has substantial authoritative support.*

第4節　わが国の substantial authoritative support

わが国の英和辞典によれば authority の英和訳は「権威」である。その影響のためかわが国では会計原則を「実質的な権威の支持」によって形成することとされている。しかしわが国ではこれで通用しても米国においては異なってしまう。この食い違いを解明するためにわが国の英和辞典を検証する。

わが国の英和辞典で authority を参照すると「**1**（政府・支配者などの）権力、権威、支配（power, rule）」である[注4]［『研究社英和大辞典』1982、p. 142］から辞典に準拠する限りわが国における会計原則の形成

方法は問題ないことになる。他方、『ウェブスター辞典』で authority を参照すると「**a**(1)守勢または支援に使用する（書籍または保管資料からの）引用；(2)引用した源泉」(**a**(1): a citation <as from a book or file> used in defense or support (2): the source from which the citation is drawn) である［Merriam-Webster's Collegiate Dictionary, 2003, p. 83］であるから日米で authority は異なった意味で理解されて食い違った翻訳をしていることになる。

第5節 『ウェブスター辞典』1871年版

　直感的にはわが国の英和辞典の記述に問題がある感が強い。ただし、これと似た記述が『ウェブスター辞典』1871年版に見られる。同版では、**1**として「命令する、または行動するための法制上の権力または権限；権力；規則；支配」(Legal power or a right to command or to act; power; rule; sway) がある［Webster, 1871, p. 84］。これによれば「権威」と訳してもよいようにも感じられるが、この版の原稿は1860年代に書かれたであろうから記述に当たって英国古語を採用したのであろう。英国においては19世紀に王政は廃止されて議会制民主主義が行われているから実態を示したものではない。一方、米国では建国以来、政治も社会ルールも政府権力の下で行うものではないし、慣習法の伝統が強いから政府管理ではない。authority を「権威」と訳すことは英国古語としてのみ有効であるから注を付けねばならない。

　研究社刊の辞典の記載は米国人にとっての英国古語である。筆者はこの件について2020年5月に同社に書簡を送り改善を求めたが反応はない。以上に示した態様はわが国の英和辞典業界全般にあるから、わが国の学会、行政その他の人文関連の全分野へ影響が及んでいる。会計学はその例外ではないということである。

　注1　「会計連続通牒」第4号の件名は「財務諸表に関する管理政策」

(Administrative policy on financial statements)であり前文は「本日、証券及び取引委員会は財務諸表に関する管理政策について次のステートメントを公表する」である。同通牒の全文を次に示す(※は筆者案)。

「1933年証券法または1934年証券及び取引法の下において当委員会が制定した規則および要件に従って送付した財務諸表が確定的な論拠ある背景※がない会計原則による場合、本財務諸表は問題が重要である場合は当該財務表に付記される脚注に書かれた開示事項の如何にかかわらず誤ったまたは不正確な判断に導くものと猜疑される。当委員会と財務諸表提出登録者が準拠する会計原則の適切度に違いがある場合、そこに生じている問題が当該登録者の準拠する会計実務に関して確定的な論拠ある背景※がある場合および当委員会の見解が担当する主任会計官が公表する見解を含めて当委員会の規則、法制または公表通牒に示されていない場合に限って当該開示情報は財務諸表を修正することなく受け入れることができる。」

"In case of where financial statements filed with this Commission pursuants to its rules and requirements under the Securities Act of 1933 or the Securities Exchange Act of 1934 are prepared in accordance with accounting principles for which there is no substantial authoritative support, such financial statements will be presumed to be misleading or inaccurate despite disclosures contained in footnotes to the statements provided the matters involved are materials. In cases where there is a difference of opinion between the Commission and the registrant as to the proper principles of accounting to be followed, disclosure will be accepted in lieu of correction of the financial statements themselves only if the points involved are such that there is for the practices followed by the registrants and the position of the Commission has not been expressed in rules, regulations, or other official releases of the Commission, including the published opinions of its chief accountant."

注2　①「SECホイート報告書」(1969年)
　わが国において見逃している2つのホイート報告書はFASBを必要とする見解を示しているという点で重要である。1つめの同報告書(以下、SECホイート報告書)はHammer H. Hedge SEC長官がロスアンジェルス在住のFrancis M. Wheat弁護士をSECのコミッショナーとして招聘し、SECの改善策を提言する委員会の委員長を委嘱したことから始まる。この委員会の目的は1933年法と1934年法※が成立施行された後も続く証券売買の

不祥事を根絶し、投資家保護のための提言を行うことであった。同委員会は1969年に「SEC ホイート報告書」と呼ばれる研究結果を内部資料として答申した。これは同年、12章、397ページから成る B5 サイズのペーパーバックとして『投資家への情報開示 ―― 1933年法および1934年法施行下における連邦規制策の再検証』(*Disclosure to Investors: A Reappraisal of Federal Administrative Policies, under '33 and '34 Acts*) の書名により Commerce Clearing House 社から刊行された。同報告書は問題の発見とその解決策を探るケース・スタディ研究の一般書としても優れた内容でもある（※原著による。「SEC ホイート報告書」の詳細については筆者稿［竹森、2014、pp. 51-78］を参照）。

「SEC ホイート報告書」においては作成過程において米国法曹協会 (American Bar Association) 証券法制委員会等の11の関連機関から専門家としての意見を取り入れたことが記されており［竹森同上書、pp. 67; 76-77］、「一般に」集めた情報によったのではない。証券取引関連の法制に関して多くの general および generally が記述されているが「一般に」ではない。これらは次に示して検証する (general および generally の下線は筆者による)。

　　　研究会は慎重に1934年証券法の主要な報告フォームを修正した。そのフォームの修正についての勧告は第10章の付録に示した。付録10-1の図表は研究会の提言のレビューに役立つ。これらは以後の章の<u>総則</u>である。［Wheat, 1969, p. 37］
　　　政府登録の証券発行業者が作成した公表事例から内容が優れており<u>全体として</u>施行可能な基準となっている。特定の状況においてのみ適用する課題は継続して検討するものとする。(第5章)［Wheat, 1969, p. 125］
　　　A sound and <u>generally</u> workable standards have been developed dealing with publicity generated by the issuer of securities in registration; questions which arise concerning its applicability in particular situations should continue to be handled administratively. (Chapter V) [Wheat, ibid., p. 125]
　　　研究会がこの目的のために提案した新しい規則は付録6－1のとおりである。新しい規則は1933年法の<u>総則</u>第5条および法制図に関して新規に提案した案に含まれており、規則161、162、163、164、180に示されている。(第6章)［Wheat, ibid., p. 182］
　　　The new rules proposed by the Study for this purpose are found in the

第 2 章　GAAP と authoritative support を検証する

Appendix VI-1. They are grouped together in a proposed new Article 5 of the General Rules and Regulations underthe '33 Act ant are designed by number〜 Rules 161, 162, 163, 164 and 180. (Chapter VI) [Wheat, ibid., p. 182]

　いずれの場合でも general または generally を「一般の」または「一般的に」とすると意味が違ってくるか意味が通じなくなる。general または generally の意味は『ウェブスター辞典』に準拠すれば理解できる。なお、Wheat は generally accepted accounting principles について言及していない。

②「ホイート報告書」（1972 年）
　Wheat の 2 つめの報告書は 公認会計士が監査に当たって準拠する会計基準を作成するための機関に関する AICPA の要請に対する答申であり、AICPA の会計原則審議会（Accounting Principles Board）以上の独立※機関が必要であることを述べた（※原文が independent であるから文体統一上「柵のない」とすべきであるがわが国の通常の用法でも内容的に変化しないので採用した。筆者注）。この経緯から、1973 年に FASB が開設された。この報告書はわが国では広く知られることとなり「ホイート報告書」と記される場合はこちらを指す。わが国において「SEC ホイート報告書」も本報告書も研究対象とされなかった。ただし江村稔は FASB に関連して唯一「ウイート報告書」を示している。

注 3　トルーブラッド報告書に関しては筆者稿『中部大学経営情報学部論集』（2018 年）第 32 巻第 1・2 号、pp. 22-23 における概念フレームワーク、財務会計および財務諸表の目的、政府等機関の関与に関する記述を参照されたい。

注 4　『研究社新英和大辞典』によれば authority は次のように示されている（研究社、1982、p. 142）。

　　n. **1**（政府・支配者などの）権力、権威、支配（power, rule）[*over*]; the〜 of the sovereign/a position of〜 権力の地位/a person in〜 権力者/under the〜 of ＿＿ の権力［支配］下に/exercise [have]〜 *over* ＿＿ に対して権力を振う［もつ］**2a** 権限、職権 [*for*]/<to do>: on one's own〜 自己の一存で、独断で/exceed one's〜 越権行為に出る/The police have (the) 〜 to maintain peace and order. 警察は治安を維持する権限がある．**b**（権力者による）許可、是認（authorization）：（委任された）権利；

自由裁量［*for*］<to do>: by (the) 〜 of …の許可［認可］を得て/The man anger gave me〜 *for* opening [*to* open] the letter. 支配人は私に手紙を開封してよいと言った．/You have no〜 *to* move my bag (without permission). 許可なしに私のかばんを動かす法はない．**c**【法律】授権書．**3a**［通例 *pl.*］政府、当局、その筋；the civil [military, school] *authorities* 政府［軍、学校］当局/many such school *authorities*、そのような多くの学校当局/*Authority* expressed its displeasure. 当局は不満を表明した．**b** 公共事業機関：⇒ port authority. Tennessee Valley Authority. （以下略）

参 考 文 献

American Institute of Certified Public Accountants (AICPA). 1964. NEWS REPORT. "American Institute Council Acts on Recommendation For Disclosure of Departures from APB Opinions," *Journal of Accountancy*, Volume 120, No. 10, October 1964.

Armstrong, Marshall S. 1969. "Some Thoughts on Substantial Authoritative Support," *Journal of Acountancy*, Volume 125, No. 4, April 1969.

Cooper, W. W. and Yuji Ijiri (Editors). 1983. *Kohler's Dictionary for Accountants*, 6th edition, Englewood Cliffs, NJ: Prentice-Hall, Inc.

United States Securities and Exchange Commission. 1938. *Accounting Series Release*, No. 4, Washington, District of Columbia: Securities and Exchange Commission.

Wheat, Francis M. 1969. *Disclosure to Investors: A Reappraisal of Federal Administrative Policies, under '33 and '34 Acts*, Washington, District of Columbia: The Commerce Clearing House.

竹森一正（2014）「The Wheat Report の会計学研究における意義」『中部大学経営情報学部論集』第28巻第1・2号。

竹森一正（2015）「Marshall S. Armstrong による "substantial authoritative support" の定着と GAAP の形成」『中部大学経営情報学部論集』第29

巻第1・2号。
竹森一正（2018）「『一般に公正妥当と認められる』に関する米国現代史の視点による歴史研究」Journal of strategic accounting, Vol. 2, No. 1。
黒澤清監訳（1968）『会計原則研究』日本経営出版会。

第3章　わが国のgenerallyとauthoritativeを検証する

第1節　「権威の支持」による会計原則の制定の意義

　英語を公用語としている国や地域ではAAA、SECまたはAICPA等の論文や公表物は英語のままで直に読む。翻訳を経由することはないから翻訳を媒介として新しい解釈が現れることはない。AICPA特別委報告はWerntz委員長が米国内のために公表したのであるから米国の公認会計士はこの報告を直に読む。慣習法に基づくということは常識として認識しているから当然のこととして受け取る。会計原則（会計基準）が民間団体であるFASBによる公表であることも当然である。わが国では「権威の支持」によって会計原則を制定していたが、当時は「権威」は政府であるから企業会計審議会が会計原則を制定することに疑問はなくわが国の全員が支持していた。

　第1章で検討したようにわが国では「一般に公正妥当と認められた」会計原則という表現が受け入れられている。政府機関と慣習法を尊重する民間団体では見解に相違が生じることがあるから学会側と政府機関との人事交流はあっても認めないわけではないという程度のはずであるが、わが国では会計原則を「権威」の支持によって制定することが常識化していたためか日本会計研究学会長と企業会計審議会長とが人事交流している。米国会計学会長は定例的にFASB議長やSECの特定の部門長に転任していない。黒澤清は企業会計審議会長退任後に日本会計研究学会長に就任し、飯野利夫、森田哲彌、新井清光、安藤英義および平松一夫は日本会計研究学会長退任後に企業会計審議会長に就任し、徳賀芳弘は日本会計研究学会長と企業会計審議会長を併任した（学会長就任順。巻末資料甲参照）。民間サイドまたは国際的見地から官民相克のケースが現れた場合は審議会長の職責が優先するが、それはそれでやっ

ていけている。これは generally を「一般に」と訳している対応と共通する。

第2節　スタディ・グループの翻訳

1 AICPA による ARS7 の公表

　1966年新井清光代表の早稲田大学グループの9名のメンバーは第25回大会日本会計研究学会においてスタディ・グループ「アカウンティング・リサーチ・スタディ第七号に関する研究」の報告を行った。同報告は1965年に公表された Grady 著「会計研究叢書」第7号（Accounting Research Study, No. 7 以下 ARS7)『営利企業における全体として受け入れられた会計原則に関する目録』(*Inventory of Generally Accepted Accounting Principles in Profit Enterprises*) を新井および若杉明の翻訳に基づいて紹介したものであった（書名訳は筆者案）。

　本研究の成果は1968年に『会計原則研究』として出版された。

　ARS7は第二次世界大戦の戦後復興の時期が終わり米国が新しい経済発展の時代に入ったという AICPA の認識によって1964年の特別委員会報告（Werntz 委員長）に続いて翌1965年に公表した公認会計士のための監査のガイドブックでもあった。黒澤はこれまで米国において頻繁に現れていた substantial authoritative support に以前から着目していたようであり、経済安定本部で使用し、また本スタディ・グループ研究でも最大の注目点としたようである。

2 ARS7における条件

　Grady は本書を読むに当たって次の3つの条件を示した。

　　a．米国の経済史の知識を持つこと
　　b．米国における会計は慣習法によっていること
　　c．AICPA 概念フレームワークは AICPA 特別委報告によること

ア．米国の経済史

　これらの条件は新しい企業活動を反映する会計原則形成の基本姿勢だった。Grady は経済史を知ることによって変化に対応して発展してきた企業経営の推移を理解できること、そこから新しい会計原則が作られるという認識だった。

　Grady と Werntz という Hoover 大統領時代の盟友が AICPA という場で再登場し、米国において長年言及されてきた generally accepted accounting principles を主張したことは注目される。

イ．米国の慣習法

　米国においては会計原則の議論についての歴史があり、多くの見解が示されてきた。ARS7はその一環である。米国人にとって慣習法によって会計原則を形成することは民主主義を尊重しながらルールを作ることでもある。この場合、authoritative support に示されるように形成の基礎は「論拠の背景」であるから多くの意見や資料に基づいて会計原則を作る。公開草案とそれに対するコメントと送られたコメント全文を公開し、更に改訂版を公開草案としてここでもコメントを求め、慣習法に沿ったパブリック・コメントを重視する会計原則形成であった。

ウ．1964年 AICPA 特別委員会報告

　Grady は基本的に Werntz 委員長の1964年 AICPA 報告で「全体として受け入れられた会計原則によって新しいテーマを探るための方向性を模索していた。」と「実質的に論拠ある背景」に基づく会計原則形成を語る論理に賛同した。新井はスタディ・グループの研究に際して一語一語の正確な和訳に努めたようだが、要件として指摘されていた「慣習法」を無視した。一方、この間 SEC 内で進められていた Wheat の第２の報告書はわが国では知られていなかった。米国において多くの識者が会計原則形成について議論を重ねていたことへの認識はほとんど注目されることはなかった。この間 AICPA は財務会計財団を設立し、FASB 設立へと進んでいた。結論部において時間が掛かったために FASB の設立後

に公表された「トゥルーブラッド報告書」は会計基準を形成する際の論理を帰納法から演繹法へと転換することを提言した。FASBはこの考えを取り入れて緊急テーマ探索委員会を設けて新しいテーマを探るための調査を行っている。

③ 安本報告における「権威の支持」

　黒澤はかつて経済安定本部（安本）中間報告[注1]「企業會計原則の設定について」(1949年)の前文において「企業會計原則」が企業の会計処理および報告に際して、「したがわなければならない会計に関する一般的規範である。」と述べている。黒澤は『会計原則研究』の序文において企業会計審議会を「権威ある」機関と述べ、「企業会計原則」を法律並みに述べている［黒澤、1968、序文］。1949年から1968年という約20年間を通じてわが国では会計原則は権威である国によって作られるという意識ができたようである。

　安本は芦田内閣当時に発足した頃は英語に堪能な旧満州国帰国官僚が中心であり、米国会計に範を取って進めていたようであるが、吉田内閣成立と同時に安本の人事は一新された体制となり［諸井、pp. 2-16］、黒澤は同上官僚達が重視していた「論拠」を「権威」として国の機関による「企業会計原則」を進めたようである。それだけに達成感は大きかったようである（黒澤はこの「企業会計原則」の実現に大きな心労を顧みずに臨んでいたようであり、黒澤の慰労の場所であった銀座8丁目の店の特異性に見ることができる。筆者注）。

　佐藤博士は黒澤が「コロンボ計画」の関係で「権威の」を採用したのではないかと推察していた。これは重大な情報であったが佐藤博士は逝去し、突破口となる情報源は消えた。戦後経済復興という中での吉田茂内閣と経済安定本部の動向については国際関係を見据えた学際的検証に期待する。

④ 新井担当部

　Gradyは会計原則の形成の前提としてcommon lawすなわち「慣習法」

を示している。すなわち1964年の AICPA 特別委員会報告を引用しつつARS7を開始し、慣習法を重視することを冒頭で明らかにした。換言すれば慣習法であるから「実質的な論拠の背景」によって会計原則を形成することを強調した。だが、新井はこれを「コモン・ロー」と述べ、カタカナで訳を記すことによって慣習法でない実態不明の米国のある種の考えであるかのような解釈をし、かつ Grady が核心部分としている慣習法を別のものと扱って「権威の」の訳によって権威ある機関である政府が会計原則を形成するという見解を展開した。

　新井が『ウェブスター辞典』を参照した形跡はない。新井は米国経済史を始めとする米国事情の情報がない状態の中で1964年特別委員会報告を Journal of Accountancy 上で参照しないままに ARS7 の翻訳に当たったことになる。同報告の第1項は Blough 主任会計官が関与したとされる「会計連続通牒」第4号に由来するものであるから新井が substantial authoritative support を知らないはずはない。なお、同文体を音読すると韻を踏んだ美文調の名文となり、裁判や講演会等の弁論において聴衆を引き込む魅力があることが分かる。筆者は当時学生として新井の講義に出席していたが新井が米社会全体を俯瞰した上で大学院および学部の講義で「権威の」支持を述べていたかについては情報不足である。

　会計原則形成の前提である「確定的な論拠の背景」は慣習法の社会だからこそ重要であったが、新井には財務情報開示における公認会計士監査と会計原則との関連について検討を怠ったようである。

5 若杉担当部

　若杉は第3章を担当した。若杉は「公正な標示こそ、唯一の一般的に認められた会計原則であるという見解」と記述している［黒澤、1968、p. 82］。若杉は「一般的に認められた会計原則」に「唯一の」と強調している。「唯一の」からは最高や絶対という気負いが窺える。若杉は研究室や演習において黒澤の生の声を聞いていたから安本中間報告で黒澤が示した「企業会計原則」が「したがわねばならない」重要性を持つとする黒澤の影響が窺える。「権威ある支持」の表現については「公認

会計士の直言的意見は会計原則または会計実務に対して権威ある支持を与える」と記述している［黒澤同上書、p. 80］。この翻訳から若杉はauthority を「権威」と思い込んでいたことが窺える。

若杉が『ウェブスター辞典』を参照した形跡はない。

第 3 節　ARS7 と authoritative support

1 米国における会計原則論議

米国において機関による会計原則論議は次のように推移した。

1938 年	SEC 会計連続通牒第 4 号（ASR4）
1964 年	AICPA 特別委員会報告（Werntz 委員長）
1965 年	AICPA 会計研究叢書第 7 号（著者 Paul Grady、ARS7）
1966 年	AAA『基礎的会計理論報告書』（Charles T. Zlatkovich 委員長、ASOBAT）
1969 年	AICPA 会長 Marshall Armstrong「『確定的な論拠の背景』に関する若干の考え」(*Journal of Accountancy*, Vol. 125, No. 4, 1969)
同　年	SEC 報告書（第 1 次ホイート報告書、著者 Francis Wheat）
1970 年	AICPA 会計原則審議会報告書第 4 号（APB4）
1972 年	AICPA 第 2 次ホイート報告書（著者 Francis Wheat）。財務会計基準審議会（FASB）を提言
同　年	財務会計財団（FAF）が開設
1973 年	財務会計基準審議会（FASB）発足
同　年	AICPA トゥルーブラッド報告書（Robert Trueblood 委員長）。演繹法提唱

Grady は会計原則を個々の公認会計士の責任において帰納的に形成するものと考えていた。この観点からは authoritative support であるから論拠に基づいて帰納的に会計原則を形成することになる。米国という社会

環境においては「論拠の背景」を持つことは演繹法によっても新しい会計原則を形成するには透明性を確保する点で有効である。帰納法、演繹法のいずれの場合も米国では「権威の支持」で会計原則を形成しない。

　黒澤監訳同上書は増刷を重ねたが、1973年以降の版に会計原則の形成において方法論の変更があったこともFASBが発足したことも記載はない。

2 ARS7におけるgenerallyとauthoritative

　同スタディ・グループはgenerally acceptedを「一般に認められた」と訳した。米国においてgenerally accepted accounting principlesと小文字で記述されてきた会計原則はわが国においてもAPB4を契機にGAAPと略称されることが多くなった。わが国で言われるGAAPの訳である「一般に公正妥当と認められた」はgenerallyが「一般に」とされたが『ウェブスター辞典』ではgenerallyにもacceptedにも「公正妥当」の意味はない。

　同スタディ・グループはARS7において頻繁に現れたgenerallyとauthoritativeについてgenerally acceptedが「一般に公正妥当と認められた」であり、authoritative supportが「権威の支持」であるとしたから、「権威の支持によって一般に公正妥当と認められた」というわが国独自の会計原則の定着に貢献したことは確かであろう。

3 飯野利夫と新井清光におけるauthoritativeの理解

　飯野利夫は、権威の支持は権力の支持であるから政府が担当することであり、行政の機関が会計原則を形成すると述べた［飯野、1970、pp. 14-16］。飯野は日本会計研究学会長を務めているから影響力が大きい。新井はこれに合わせるように会計原則の設定主体は「国会、内閣および担当局長」が相当すると述べている［新井、1993、pp. 160-161］。新井も同学会長を務めており、飯野と新井の2人の学会長経験者が揃って国の機関による会計原則を述べた。この理解は現在に至るまで継承されている。

第3章　わが国のgenerallyとauthoritativeを検証する

わが国では「権威の支持」の表現が根付いているために表面的に一貫性があるように見える論理が継承されて、「一般に公正妥当と認められた会計原則」が普遍化されている。

第4節　日本会計研究学会長経験者によるgenerallyとauthoritative

1 武田隆二の記述

武田隆二は、第11代日本会計研究学会長（2000年～2003年）およびTKC顧問を務めた。武田の検証は『会計』論文「『一般に公正妥当と認められる企業会計の基準』の意味」に関して行った［武田、1971、pp. 330-343］。武田は、米国の内国歳入法に示されているgenerally accepted accounting principlesを「一般に認められた会計原則」としている。ここから武田はgenerallyが「一般に」と信じていることが窺える。武田はAICPA特別委報告において示されたgenerally accepted accounting principlesの前提としてのsubstantial authoritative supportを「有力な権威ある支持を有するもの」と訳した。武田はこれだけに留まらず、無限の広がりをもつ概念と個別・具体的概念という概念構造を示し、関連付けるために「有力な権威ある支持を有するもの」という概念を挿入する［武田、1971、p. 342］と述べている。同報告は会計原則の形成に向けての意見集約方法を述べたものであるから概念上の「媒介」を必要とすることではなかった。武田はsubstantial authoritative supportを誤訳した上に概念探求に関する議論を行おうとした。この論点は米国になく、Gradyが著したARS7と関係がない。

ア．武田隆二による米国会計の理解

同論文は「— 法人税法第二二条第四項に関連して —」の副題があることから、本論文はわが国における商人の会計実務に関連する法人税法、商法、証券取引法、「企業会計原則」等に関する分析を目的としていることがわかる。武田は、米国税法および米国会計学を論じているに

かかわらず『ウェブスター辞典』を参照しなかったようである。また、Journal of Accountancy に発表された Armstrong の論文を参照した形跡はない。

「公正妥当」に関しては、渡辺進論文の「企業会計、商法および税法の三者に共通する『公正妥当な会計処理の基準』はありえず」を引用して、見識を示している。このコメントは会計学者全般として唯一の事例である。

 イ．武田における authoritative の認識

 武田は引用した英文の記載を省略しているが、「有力な権威ある支持」と記述している［武田、1971、p. 342］。武田は、何が有力な権威ある支持を有する会計原則であるかを論じようと試みたようであるが FASB が実施しているようなパブリック・オピニオンの収集とフィードバックを積み重ねて会計原則に至ることは考えていなかったようである。武田は Grady が ARS7 によって主張したのは authoritative（論拠の）による会計原則の形成であり、1938年に SEC が提唱したこと、および1964年に AICPA が特別委報告を公表したことは意識になかったようである。

②　飯野利夫の記述

 飯野利夫は、第5代日本会計研究学会長（1982年～1985年）を務めた。飯野の検証は『財務会計論』（同文舘、1993年）に関して行った。飯野は generally accepted accounting principles を「権威ある団体が制定して発表したもの」が「一般に認められた会計原則（generally accepted accounting principles; GAAP）にほかならない」と述べている［飯野、1993、pp. 2-13］。また、飯野は「権威の支持」の表現から会計原則は「権威ある団体が制定する」と、国家すなわち国の機関が形成に当たると述べている。略語である GAAP は「一般に公正妥当と認められた」としている。ここでは Grady が強調した「コモン・ロー」を会計原則形成の環境とする考えはない。飯野は generally を「一般に」、authoritative を「権威ある」と確信していた。

飯野がかつて国立大学教授を務めた経歴から考えれば国民に錯誤を示すことは問題であった。飯野の失敗は米国会計を研究するのに『ウェブスター辞典』を参照しなかったことによる。また米国に知己は多い※ようであるから希望しだいでは generally と authoritative の意味を確認する手段はあったはずであるが飯野が教育された英語の底は浅かったことになる。

　飯野は権威・国の機関・安本・企業会計審議会・「企業会計原則」が一直線上に関連すると見ているようである。（※1991年、筆者が参加したAAA大会において Arthur Wyatt 会長は会長記念講演の後に飯野の席にあいさつに来て数分間談笑していた）

③ 斎藤静樹の記述

　斎藤静樹は、第13代日本会計研究学会長（2006年～2009年）および企業会計基準委員会（ASBJ）初代委員長を務めた。斎藤の検証は『会計基準の研究』（中央経済社、2013年）に関して行った。斎藤は同書において GAAP について「会計基準 GAAP が文字どおり市場慣行としての私的な性格と、政府による規制という公的な性格との両面を備えて」いると述べている［斎藤、2013、p. 125］。しかし FASB が generally accepted accounting principles のために行動している実態を示していない。そのため斎藤が generally を「一般に」と考えていたことは確認できない。本書の刊行の前に斎藤は ASBJ 委員長として「企業会計基準」との比較で GAAP を「市場関係者の交渉から生まれたデファクト・スタンダードという意味」と述べている［斎藤、2001、p. 76］。

　斎藤は「権威ある機関」が強権的に会計基準を「定める」という会計原則の形成を考えていない。斎藤は飯野や新井が前述のように主張していた「権威」イコール政府という論理で行政機関が会計原則を制定することを否定し、国際的に普遍性を持つ民間機関による形成を主張した。斎藤は authoritative support を「権威の支持」と訳すことは肯定しているようであり、会計原則の形成は権威の支持によって導かれるのでなく民間機関によるものという見解を主張し、企業会計審議会による当時の制

度には反対の立場を取った。2001年に企業会計審議会は斎藤が初代委員長となった企業会計基準委員会（ASBJ）に機能を移転した。

　ASBJが発足することによってわが国において初のauthoritative support（「論拠の背景」）による会計原則の形成の場が実現した。ただし斎藤は「論拠の背景」を実現するための公開草案以降のフィードバックには言及しなかった。形式的には、わが国はロシアと中国と共にユーラシア大陸に描かれていた会計基準を国家主導とする弧から外れることとなった。ASBJが2002年に公表した企業会計基準第1号では前文にも本文にも「一般に認められた」も「権威の支持」の表現はない。通念として普及している会計原則は第1章で明らかにしたように「一般に認められた」ものでなく、「権威の支持」ではないことが示されている。

　FASBはASBJをわが国の会計基準の決定機関として認めている。

4 平松一夫の記述

　平松一夫は、第14代日本会計研究学会長（2009年〜2012年）および企業会計審議会長（2017年〜2019年）を務めた。平松の検証は、『FASB財務会計の諸概念』（共訳者は広瀬義州、中央経済社、1990年）に関して行った。平松が監訳した『会計学の研究方法』（2015）は、「一般に認められた会計原則」「権威」または「GAAP」が索引にないため対象外とした。平松は同書においてgenerally accepted accounting principlesを「一般に認められている会計原則」と記述している［平松＝広瀬、1990、p. 3］。この訳に留意を促す脚注はないから平松はgenerallyを自然体として「一般に」と思い込んでいたことになる。平松は米国では多くの交友があったようであるが実直なアドバイスをする友人はいなかったことになる。米国生活を過ごす間に、何人かはgeneralを「一般の」の意味で話せば「あんた！　何、言ってんだい？」と訂正してくれる人がいるものである。平松を研究指導したGerhard Muellerは会計殿堂に入っていない。平松著同上書にsubstantial authoritative supportは記されていない。

　平松は米国において会計原則がauthoritative（論拠の）で示される過

程で形成されることに関心がなかったことになる。そのためか平松は会計原則の真髄であるこのフレーズを重大視しなかったようである。平松の周辺およびワシントン大学の人脈から会計原則の形成過程またはSECおよびWerntzに関連した情報が入っていなかった可能性がある。平松がauthorityを「権威」と思っていたことは確認できない。

　平松が『ウェブスター辞典』を参照した形跡はない。

5 桜井久勝の記述

　桜井久勝は、第16代日本会計研究学会長（2015年〜2018年）を務めた。桜井の検証は、『財務会計講義』（中央経済社、2014年）に関して行った。

　桜井は、企業会計を特に財務会計に限定した上で法規制に従う会計を制度会計とし、会計に影響する法律として、会社法、金融商品取引法、法人税法を示している［桜井、2014、p. 12］。次いで金融商品取引法については、企業会計原則・企業会計基準ほかを示している［桜井同上書、p. 14］。桜井は会計が法律に影響されて形成されると論じているようである。会計という実務をめぐる調整手段として法律が成立する考えについては触れていない。桜井は会計実務の解説において会計基準が公正妥当なものとして社会的な信任を得ているという意味で「一般に認められた会計原則」とか「一般に公正妥当と認められる企業会計の基準」と呼ばれている［桜井同上書、pp. 48-49］と述べている。ここにはgenerally accepted accounting principlesが添えられているから対訳関係が成立しているということを示している。しかし翻訳によって日米間で生じている食い違いは述べていない。generallyは「一般に」であり、acceptedは「認められた」と思い込んでいたことになる。桜井は、「公正妥当」の英和対応は述べていないが、次の解説を行っている［桜井同上書、pp. 48-49］。

　　（会計基準は、）公正妥当なものとして　社会的な承認を得ているという意味で「一般に認められた会計原則」とか「一般に公正妥当

と認められる企業会計の基準」ともよばれている。

　桜井は substantial authoritative support を「実質的な権威の支持」としているから authoritative を「権威の」と思い込んでいることになる。「権威の」であって国の機関が担当すると考えている。この考えは飯野および新井が明文化して以来の通念であるが、国家公務員として公言することは自らの怠慢を明らかにすることである。
　桜井が『ウェブスター辞典』を参照した形跡は窺えない。
　桜井は generally や authoritative の英和訳を作った世代ではなく、出来上がった訳を教育されてそれを継承した世代である。桜井は教育された英和訳を忠実に守り、次世代に継承している。

第5節　日本会計研究学会長非経験者によるgenerallyとauthoritative

1 高松和男の記述

ア．高松のgenerallyとauthoritative

　高松和男の検証は、『アメリカ会計原則の展開』(同文舘、1982年) に関して行った。高松は、SECのASR4を引用し、(SECに提出される財務諸表は)「『有力な権威の支持』(substantial authoritative support) のある会計原則にしたがって作成されねばならない」と述べている［高松、1982、p.5］。高松は authoritative を「権威の」と思い込んでいたようである。高松は「権威の支持」によって会計原則が形成されると信じていたことになる。高松は、SECが substantial authoritative support のフレーズを作成し、「AICPAに委ねる道が開かれた」との解説と展望を示している。確かに1938年のSECによる公表後にAICPA内に会計原則を審議するためのAPBが開設され、1965年のARS7に至っているが、SECとAICPA間の連携は高松の私見であろう。会計原則の形成にはAAAも多くのステートメントを通じて関わっているからAICPAだけではない。他機関の協力について第1次ホイート報告書では会計原則に関わった

第3章　わが国のgenerallyとauthoritativeを検証する

20ほどの機関が挙げられており謝辞が述べられている。

　高松は「有力な権威の支持」によって作られた会計原則であれば「一般に」認められることと矛盾する表現であることについては言及していない。

　イ．高松におけるgenerally accepted accounting principles
　高松はgenerally accepted accounting principlesをGAAPまたは「一般に認められた会計原則」と記述している［高松同上書、p. 239］。高松はgenerallyを「一般に」と思い込んでいた。高松は「一般に公正妥当と認められた会計原則」とは述べていない。また「公正妥当」についての記述はない。

②　山本繁の記述
　ア．山本のsubstantial authoritative support
　山本繁の検証は、『会計原則発達史』（森山書店、1990年）に関して行った。山本繁は、substantial authoritative supportを「実質的に権威のある団体、または機関の見解によって支持されたものである」と述べている［山本、1990、p. 3］。山本はauthoritativeを「権威の」と思い込んでいたために、「実質的に権威のある」「団体、または機関」が会計原則を形成することを考えている。ただし、その機関名は具体的に示していない。わが国における大勢として権威が国の機関であり、大蔵省（当時）内に置かれることは記していない。

　イ．山本の誤訳の構造
　山本は第3章「一般に認められた会計原則」において、「一般に認められた会計原則」を専門用語としている。山本はgenerallyを「一般に」と思い込んでいた。「全体として受け入れた会計原則」ではない。
　本来generallyに「一般に」の意味はなく、「全体的に」や「最高として」であるからARS7でのin a general managerは「全般的に考えた場合」や「最高の思考からは」である。山本は意識なく誤訳をしていた［山

43

本、1990、pp. 22-23]。

　山本はわが国の英和辞典に問題を感じなかったようであり、米語辞典に記載されている意味から逸脱した。

　ウ．結論
　山本は「一般に認められた会計原則」の前提である「権威」について述べていない。山本はArmstrong論文を紹介している［山本同上書、p. 24］が、読んだ形跡はない。また『ウェブスター辞典』を参照した形跡はない。

3 加藤盛弘の記述
　ア．加藤の誤訳の構造
　加藤盛弘の検証は、『一般に認められた会計原則』（森山書店、1997年）に関して行った。加藤は、著書において「有力な権威ある支持により形成された一般に認められた会計原則」という記述を行っている［加藤、1997、pp. 15、32、40、42］。一方、加藤は同書の中で「実質的な権威の支持」という表現も記述している［加藤同上書、p. 78］。加藤による「有力な」と「実質的な」の2種類の記述は、共にGrady原著のsubstantial authoritative supportを訳したものであるが、校正不足である。加藤はgenerallyを「一般に」、authoritativeを「権威の」と思い込んでいた。加藤の誤訳の構造は、大多数の日本人同様に歴史観、社会観、経済観、社会ルール形成のメカニズムについてわが国と米国が同じとの錯覚または思い込みをしているようである。新しい会計実務に遭遇した公認会計士が「有力な権威ある支持」により形成した「一般に認められた会計原則」に従って監査意見を述べると考えていることになる。

　ここから推察されるのは企業が役所から指導を受けて初出の会計処理に対応することである。そうとすれば行政指導を受けたことを「一般に認められた」とするのは矛盾である。

第3章　わが国のgenerallyとauthoritativeを検証する

イ．加藤にとっての普遍性

　加藤は、かつてわが国において普遍的であった次の慣習が現代でも行われると考えていたのであろうか。

　　①社会システムの情報は上位下達で流れる。
　　②社会ルールは「権威」の機関が作成する。
　　③その権威側が「パブリック・オピニオン」としての意見を公募する。

　加藤が上位下達の情報の流れを当然とし、権威または権力によって社会ルールを作成すると考えていたことが窺える。例えば「GAAPは職業会計士集団のプロフェッショナル性とSECの支持を権威の源泉と記述している。そして、そのようにして確立された権威に基づいて、GAAPは一般目的会計原則としての機能を果たすものとなっている」［加藤同上書、p. 48］と述べている。加藤はSECがGAAPに関連すると誤解しているようであるが、SECはFASBを見守っている（monitor）ことは確かであるが監督していない。加藤はauthoritativeを「権威の」と思い込んでいたためにArmstrongが1969年にその具体的な実行方法を述べているのにかかわらず「確立された権威に基づいて」「一般目的会計原則」を作成する過程を解説していると理解した［加藤他、1981、p. 189］のであろう。わが国においてArmstrong論文を指摘した例はあるが内容を紹介したものは皆無であるから、一度間違った思い込みが普及すると頭に入らなくなる好例である。加藤は思い込みによって米国においてauthoritative supportがどのように実行されているかの確認をすることなく米国における解釈とまったく離れたGAAP形成を紹介した。

ウ．結論 ── 加藤の研究環境

　加藤が「実質的な権威の支持」の訳によって理論を進めた原因は、意識するしないにかかわらず加藤が育った時代にある。時代の流れが個人のあらゆる面を巻き込むことは中島省吾に見られたとおりである。加藤

は、結果としてデフォルメを研究室において後継者に継承した。

第6節　わが国におけるgenerallyとauthoritativeの誤訳の根源

1 佐藤博士の問いかけ

　2016年の第75回日本会計研究学会大会後、佐藤博士はなぜこのような誤訳が100年以上放置されたのかを筆者に問うた。これが佐藤博士による最後の研究指導となった。確かにわが国の会計学においてはgenerallyとauthoritativeが誤訳であるにかかわらず疑問もなく使われている。新井＝若杉は英和辞典に忠実な翻訳に疑問を持つことなく研究報告し、研究室において次世代に伝承した。

　佐藤博士はわが国で行われている受験のための英語教育の中の秀才であり、かつ最高の語学力だった。わが国では受験を目的とするから、英英辞典で意味を精査する教育やネイティブとの交流から会話能力を得て米本土並みの英語感覚を身に付けることは不要とされる。すなわち英語力を育てるための必須であるステップはすべて外して教育する。ただひたすらに市販されている英和辞典を信じて文法と英文読解力を向上することとなる。

　会計学研究における誤訳は英和辞典の瑕疵を根源としている。その詳細の探求や調査は第6章に譲り、英和辞典に瑕疵があることを記す。

2 誤訳とパブリック・オピニオン

　わが国においてauthoritativeを本来の意味である「引用の」とか「論拠の」とすれば、デフォルメされることはなかった。Gradyが会計原則を慣習法との関連で考えていたことは明らかであるから、わが国において慣習法の思考はあってもその基本であるパブリック・オピニオンの風土がなかったため結果的に誤訳となった。慣習法を会計原則形成のシナリオの背景におくことは関係者が意見を述べて、更にパブリックに意見を求めるから、国家が特定の専門集団やエリートによってルール形成を

進めることはありえなかった。古代ローマにおいて始まり、その後ヨーロッパの王政下でも社会の底流であったパブリック・オピニオンは米国において参加による民主主義の社会機構として整った。パブリック・オピニオンはこのように FASB または IASB を始めとする西洋社会における会計原則または会計基準の形成過程を知る上で注目される。

注1 昭和24年（1949年）、経済安定本部が発表した中間報告「企業會計原則の設定について」は次のように示されている。［黒澤、1950、p. 1］

企業會計原則は、企業會計の實務の中に慣習として發達したもののなかから、一般に公正妥當と認められたところを要約したものであつ※て、必ずしも法令によつ※て強制されないでも、すべての企業がその會計を處理するに當って從わなければならない基準である（會計原則二、1）。（※旧字体および表記は原著表記による。原著は縦書き）

参 考 文 献

Grady, Paul. 1965. *Inventory of Generally Accepted Accounting Principles for Business Enterprises*, An Accounting Research Study No. 7 of the American Institute of Certified Public Accountants, New York; AICPA, Inc.

Montgomery, Robert H. 1937. "What Have We Done, and How?" *Journal of Accountancy*, Vol. 64, No. 5.

United States Securities and Exchange Commission. 1938. *Accounting Series Release*, No. 4, Washington, District of Columbia: Securities and Exchange Commission.

新井清光編著（1993）『会計基準の設定主体 ― 各国・国際機関の現状 ―』中央経済社。

飯野利夫（1970）「会計原則審議会の教訓 ― 会計原則をめぐる諸問

題─」『会計ジャーナル』1970年11月号.

飯野利夫（1993）『財務会計論』同文舘.

加藤盛弘＝鵜飼哲夫＝百合野正博訳（1981）『会計原則の展開』森山書店.

加藤盛弘（1997）『一般に認められた会計原則』森山書店.

黒澤清監訳、ポール・グラディ著（1968）『会計原則研究』日本経営出版会.

経済安定本部企業会計制度対策調査会（安本）（1949）「会計原則の設定について」（中間報告）.

斎藤静樹（対談）（2001）「斎藤静樹委員長にきく ── 企業会計基準委員会の役割と今後」『企業会計』Vol. 53, No. 19、2001年10月号.

斎藤静樹（2013）『会計基準の研究』中央経済社.

桜井久勝（2014）『財務会計講義』中央経済社.

武田隆二（1971）「『一般に公正妥当と認められる企業会計の基準』の意味 ── 法人税法第二二条第四項に関連して」『会計』第100巻3号、1971年9月号.

高松和男（1982）『アメリカ会計原則の展開』同文舘.

竹森一正（2018a）「『一般に公正妥当と認められる』に関する米国現代史の視点による歴史研究」*Journal of strategic accounting*, Vol. 2, No. 1.

竹森一正（2018b）「わが国における『GAAP/SAS』の解釈に関する歴史研究」『中部大学経営情報学部論集』第32巻第1・2号.

竹森一正（2020）「わが国の英和辞典の進展と『authoritative support』の翻訳問題・付『奥野昌綱』研究」『中部大学経営情報学部論集』第34巻第1・2号.

中島省吾訳（1953）『会社会計基準序説』森山書店.

新村出編（2008）『広辞苑』第六版、岩波書店.

平松一夫＝広瀬義州訳（1990）『FASB 財務会計の諸概念』中央経済社.

平松一夫監訳（2015）『会計学の研究方法』中央経済社.

諸井勝之助（出版年不詳）『企業会計制度対策調査会と会計基準法構想』LEC 会計大学院.

山本繁（1990）『会計原則発達史』森山書店.

第4章　fair valueを検証する

第1節　公正価値会計の英和訳

1 fair valueの英和訳

　わが国において fair value を「公正価値」と訳すことは常識となっている。『会計学大辞典』では fair value は「公正価値」であると述べている［『会計学大辞典』2001、p. 352］。すなわち、わが国においては「公正価値」は fair value の英和訳であることが確定している。これが正しいとすれば米国由来の用語である fair value を『ウェブスター辞典』によって参照すれば日米間で内容が一致するはずであるが同辞典では「売手と買手が特定の場と時において取引のために集うこと」（a gathering of buyers and sellers at a particular place and time for trade）である［*Merriam-Webster's collegiate dictionary,* 2003, p. 449］。ここに「公正」の意味はない。従って「公正価値」はわが国独自の造語であることになる。『会計学大辞典』に記載されていることはわが国だけで通じる会計知識である。

　「公正価値」を文字通りに考えれば、善悪における善の価値、正邪における正である。しかし会計用語に使う場合は市場価値または時価と読み替えることになっているから米国との同一性は一部であてはまるが、わが国における解釈とはほど遠い。実務上は問題がないようであっても初学者と他分野の研究者にとっては「公正なる会計慣行」との関連から混乱をもたらす。以下、便宜的に「公正価値」を使用する。

2 fair value の辞典検証

　fair は『研究社英和大辞典』では、トップに「美しい、きれいな」があるが「公正な」の意味はない［『研究社英和大辞典』1982、p. 748］。『コンサイス英和辞典』でさえ「公正な」の意味はない［『コンサイス

英和辞典』1971、p. 401］。わが国においては「フェアプレイ」で見るように「フェア」を「正しい」の意味で使っている。これは純粋な日本語である。正しい英和訳と思っている人々が多いが思い込みである。米国では fair は公衆の目前での出来事というニュアンスを基本としているから fair play は「上出来」のように演技や競技を称える言葉であるが、わが国では「正義の行為」や「反則行為がない競技」の意味で使われている。在米経験がなくわが国の英語教育だけで育っていれば一連の FASB による fair value に関する報告書のタイトルを見て「フェアな」価値すなわち「公正」な価値を提言していると誤解するのは自然ではある。

　実体として FASB がわが国で言われる「公正なる会計慣行」について論じているのではなく、新しい金融商品関連の危機管理として「公正価値」を論じていたことを指摘すべきであった。

3 渡邉泉に見る「公正価値」の検証

　かつては中国語を誤訳し、現在は英語を誤訳するというわが国の性癖は現代でも生きているようである。渡邉泉の記述を示す（原文の「公正」には「フェア」のルビが付いている。筆者注）［渡邉、2013、p. 244］。

> 公正という言葉は、会計においては極めて重要な役割を担っており、元来、「表現における公正」を意味し、アメリカにおいては公正な教養として、また、ヨーロッパ社会では、「真実かつ公正な」教養を意味している。

　渡邉は曲解であっても世間的に出来上がった風潮に沿って論じている。しかしこの記述は『ウェブスター辞典』とも『広辞苑』とも異なる。渡邉は根拠のないままに fair を「正しい」という意味と信じこんでいる。

第4章　fair valueを検証する

第2節　FASBによる公正価値の体系

1 SFAS157によるfair value

　2006年にFASBは『公正価値測定』と題した「財務会計基準報告書」第157号（*Fair Value Measurement*, Statement of Financial Accounting Standards, No. 157, SFAS157）を公表した。現在はAccounting Standards UpdateとしてTopic 820のコードでアーカイブの扱いである。
　SFAS157は「公正価値」(fair value)を「市場参加者が測定日において市場のルール通りの取引を行い、資産の販売のために受け取り、または負債の移転のために支払うべき価格」と定義している。ここでは「公正価値」を時価主義と定義していないが、読み方によっては時価主義での評価を主張していると解釈できる。「公正な」価値または公正な会計慣行について述べている箇所はない。

2 SFAS157の「公正価値」の3レベル

　SFAS157は「公正価値」を次のように3レベルに分類し、それぞれに対応する会計処理を示している。これは同報告書の注目点であり、当時の米国の金融情勢からリスク対応を図ったRobert Herz議長の苦渋の心境が窺える。

　ア．「公正価値」のレベル1
　通常の状態で得られた価格。市場が異常であっても部分的にも市場閉鎖はなく、市場価格が得られる場合の値。「公正価値」の数値は信頼できる。

　イ．「公正価値」のレベル2
ⅰ．市場において価格を得ることができる場合。
　市場が部分閉鎖であるが市場価格を確認できる。評価モデルも評価専門職も不要である。「公正価値」の数値は信頼できる。
ⅱ．市場において価格を得られるが不十分な場合。

市場が荒れているために部分閉鎖となり、情報が錯綜してはっきりした市場価格を確認できないが部分的には入手できる。評価モデルを使用する場合は、そのモデルの仮定とデータは独自に設定できる。評価専門家は参加することが望まれる。これによって得られる計算結果を「公正価値」とすることは望ましくない（否定しているのでなく、採用も事情次第でやむを得ないとしている。筆者注）。

　ウ.「公正価値」のレベル３
　市場が閉鎖されたために市場価格は入手できない。近隣の市場も閉鎖しており、市場価格はすべて入手できない。代替案として評価モデルによって市場開催時に相当する価格を得る。この場合のモデルの仮定は企業が設定する。モデルの操作と計算する際のデータは評価専門家による。これによって得られる計算結果を「公正価値」とすることは望ましくない。（乱用は論外とするが採用を否定していない。筆者注）

３ 窮余の一策の「公正価値」
　レベル２とレベル３は抽象的で難解な文章によって示されているが故意であろう。企業を経営破綻から救うために政治家やコンサルタント始め諸々の方面の協力を得なければならないから明解な文章では説得のための弁論技巧を盛り込めないが、SFAS157の定義というお墨付きを背景にすれば裁判において都合の良い解釈に持ち込むことができる。法廷対策としての弁論方法しだいで有利に進める余地もありえる。レベル２および３において「計算結果を『公正価値』とすることは望ましくない」としているが、非常時にはこれで監査を通してもよいというニュアンスがある。そのためであろうか文章全体が政治の介入も想定した玉虫色である。モデル計算という主観が入り込む作業によって得た結果であっても、100％正しいものではなくとも100％不正であるということは証明できないというギリギリの逃げとしての「公正」が示されていると読むことができる。
　第２の懸念はFASBがこれまで1993年のSFAS115および1997年の

SFAS107で示してきたfair（ネット空間を含む売買を行う場である市場等。筆者注）での実際の取引から得る価格を基本としてきたことからの妥協である。これまでの経緯からモデル計算によって得た計算結果も「市場の価格」（fair value）とするのは「望ましくない」と結論を示しているがモデル計算という手段を示して窮余の一策としての逃げ場を明文化していると理解できる。

　IFRSでは「公正価値」のレベル3において「公正価値を測定するために**評価技法（valuation technique）**を用いる」と明記し、また「エンティティがデータを入手できない場合は最善の情報を以て自ら作成するものとする」（*An entity shall develop unobservable inputs* using the best information）としているからSFAS157と大差はない（ゴチ体およびイタ体は原文による。筆者注）。ただしIFRSはSFAS157の約2倍の字数を当てているからその分だけ具体的に示している［IFRS13, (86) (87) (88) (89)］。

第3節　わが国におけるレベル3の記述

　わが国では「公正価値」レベル3は次のように述べられている（2015年5月現在の神奈川県立図書館の蔵書による）。

ア．川村義則の記述

　時価と公正価値はどのような関係にあるのだろうか。これについて公開草案では「我が国における『時価』と国際的な会計基準における『公正価値』の会計基準上の考え方に大きな差異はないと考えられる。（中略）他の会計基準等で『時価』が用いられているときは、『公正価値』と読み替えてこれを適用する。（中略）レベル3の入力数値は、レベル1またはレベル2の入力数値が入手できない場合に限り用いることができる。このように、評価技法に用いられる入力数値が属するレベルによって、公正価値もまた以下の3つのレベルに分類される。」［川村、2014、pp. 290-292］

イ．斎藤静樹の記述

　先行研究の検証結果によると、レベル1の係数と、レベル2または3の係数とは異なっている。これは、レベルが異なる資産や負債の測定属性は、同質ではないことを裏づける試験的証拠である。「レベル2やレベル3の公正価値情報は、精度は劣るが、投資家にとっては有用である」と理解するのは誤りである。なぜそれが有用であり得るのかについての合理的な仮説がない以上、どれだけ統計的事実を積み重ねても、レベル2やレベル3の公正価値情報の有用性を検証することは不可能である。［斎藤、2012、pp. 120-121］

ウ．北村敬子の記述（川村分担部）

　（レベル3インプットにおいて、筆者注）公正価値測定の目的は不要であり、つまり、当該資産を保有しまたは負債を負担する市場参加者の観点からみての出口価格である。したがって、測定不能インプットは、市場参加者が資産または負債の価格形成において利用するであろう仮定に関する、報告主体の自らの過程を反映せねばならない。［北村、2014、p.36］

　以上のとおり三者三様に「公正価値」レベル3を述べているが、米国の金融危機の予想を関連付けていない。Hertz議長の焦燥感は誰も意識していない。一連のFASBステートメントに比べて格段の難解な文章となっている背景にも意識は足りない。なぜ難解な文章で作成されたのかについての解説はない。
　いずれの著者も難解な文章を読解できる語学力はない。そのせいか、いずれの記述も意味不明であり、これらによって読者がSFAS157を理解することはできない。

第4節　Robert Herz議長の先見性と対策

　Robert Herz議長は21世紀に入って人気が急騰していたデリバティブ

第4章　fair valueを検証する

の金融商品を危機感を以て見ていたようであり、販売した銀行等と購入した企業のための対策を報告書としてまとめたことが窺える。最悪の事態の場合、多くの銀行、証券会社および保険会社が倒産して米国は金融恐慌から経済破綻を招くことが想定された。

「公正価値」の3レベル区分が提言されたことから金融危機が起きた際の対策が準備されたことになる。市場が閉鎖されると投資の時価評価ができなくなるか、できたとしても甚大な評価損が示される。わが国では市場閉鎖によって株価等の時価が入手できない場合は遡れるだけ遡って得た気配値を直近の時価として扱うからレベル3を採用する場面はない。

FASBの予想は的中した。SFAS157の公表の翌2007年にベアスターンズが経営破綻し、その解明と対策をあいまいに済ませたまま翌2008年に規模が巨大化したリーマンショックが起きた。初の世界規模でのサブプライムローン絡みの金融商品の破綻となった。FASBの事態への予見は正確であり、その備えを事前に示していた。レベル2とレベル3において特徴的なのは専門家を必要とすると明記したことである。この資格は法務省関連機関である評価財団（The Appraisal Foundation）が認定した評価専門職であるUSPAP（Uniform Standards of Professional Appraisal Practice）に関連する。米国の法廷では裁判長は評価専門家の発言を優先するからレベル2とレベル3のモデルの計算メンバーに評価専門家を入れてこの専門家の指導を受けてモデルの選定、計算の前提と仮説、入力データを採用することを明記しているから法廷対策としても役立つ。

モデル計算によって評価値を得た例としてUBS年次報告書はSFAS157に準拠して通常はありえない評価を行ったと述べている（2007年度UBS財務諸表注5）。

第5節　fair valueの英和訳への提言

わが国においてfair valueを「公正価値」とすることは定着しているが、これはFASBが1993年および1997年にfair valueを強調する財務会

計基準報告書を発表して時価主義評価に取り組んできたことから、原価主義からの脱皮を図るための画期的用語であった。ただし fair value は売手と買手が取引において納得した価格であるから、わが国においては「取引価値」のような取引環境を述べる訳語が望ましい。わが国で普遍化した「公正価値」では公正の表現が語感的にあまりにも重いから、「公正な価値」と同義との誤解を招きかねない。何点かの書籍の書名にも使われているから価値における「公正」と誤解されることがありえる。わが国では SFAS157 の fair value は「公正価値」として読むことが定着し、同時にこれを「時価」と読み替えることが普及した。そのため SFAS157 によってモデル計算して「公正価値」を求めるという表現では混乱を招く。元来「公正」でない価値まで「公正価値」と称するためである。レベル1だけなら従来の公正価値で済むがレベル2とレベル3となると概念が拡大するから「公正」でない数値まで含めねばならなくなることになる。

「公正価値」は外国語である fair value をしったかぶりで英和訳した末路であり、未来へ残る負の資産である。『ウェブスター辞典』に準拠する fair の value に過ぎないのであるから、適切な訳への検討はこれからも課題である。

参 考 文 献

Financial Accounting Standards Board. 2006. *Fair Value Measurement*, Statement of the Financial Accounting Statement No. 157, Financial Accounting Standards Board of Financial Accounting Foundation.

Merriam-Webster's collegiate dictionary. 2003. Eleventh Edition, Springfield, MA: Merriam-Webster Inc.

Reischauer, Edwin O. 1977. *The Japanese*, Cambridge, MA: The Belknap Press of Harvard University.

Sanseido. 1971. *SAISHIN CONSAISU EIWA JITEN* (*The Newest Concise English-Japanese Dictionary*), tenth edition, Tokyo, Japan: Sanseido. (*Japanese*)

金子康則（2009）『公正価値会計の実務──米国FAS157の総合解説とIFRSアドプション対応』中央経済社。

北村敬子編著（2014）『財務報告における公正価値測定』中央経済社。

小稲義男（1982）『研究社新英和大辞典』研究社。

甲南大学経営学会（2010）『経営学の伝統と革新』千倉書房。

斎藤静樹（2012）『体系現代会計学』中央経済社。

新村出編（2008）『広辞苑』第六版、岩波書店。

三省堂（1971）『コンサイス英和辞典』三省堂。

竹森一正（2015）「Marshall Armstrongによる"substantial authoritative support"の定着とGAAPの形成」『経営情報学部論集』第29巻第1・2号、中部大学経営情報学部。

竹森一正（2016）「SFAS157の公正価値階層レベル3におけるfair valueの英和訳に関する検証」『経営情報学部論集』第30巻第1・2号、中部大学経営情報学部。

広瀬義州（2009）『財務会計』中央経済社。

森田哲彌他編（2001）『会計学大辞典』中央経済社。

渡邉泉（2013）『歴史から見る公正価値会計』森山書店。

第5章　independentおよびindependenceを検証する

第1節　わが国における「独立監査人」の意義

1　「独立監査人」(independent auditor) の再認識

　わが国においては、「独立監査人」の用語が広く通用している。「独立」を使用する用語として「独立監査報告書」があり、これも違和感なく通用している。しかし、なぜ「独立」(independent/independence) でなければならないのかについての検討は見当たらない。この概念は英語を翻訳して取り入れているのであるから『ウェブスター辞典』に記述されている意味で考えるのが本来であるが、わが国では independent は「独立の」という英和訳から生まれたようである。

　米国 Roosevelt 大統領（当時）は大恐慌の原因の一つに粉飾決算を隠した財務諸表が横行していたことを考えていたため、大恐慌の再発を防ぐために公認会計士監査の意義を再認識させることとした。Roosevelt は公認会計士が「独立」して監査することによって投資家が財務情報に基づいて投資し、資本市場が復興し、資本主義が動き出すことを意図した。その結果として民主主義を維持できると考えた。Roosevelt が公認会計士に「独立」を期待したのは監査の技術面ではなく国家維持だった。

2　SEC 主任会計官 Werntz による independent auditor

　わが国では米国において SEC が大キャンペーンを行って公認会計士にいかに「独立」を実行させようとしたかについての情報がない。米国会計界において independent が注目されたのは第2代 SEC 主任会計官となった William Werntz が全米でキーワードとして啓蒙したことによる。Werntz は independent を「柵にとらわれない」の意味で述べていた。

第 5 章　independent および independence を検証する

　Werntz は independent を説明して free from control of others（「他人の支配を受けない」）と述べている。これには Roosevelt の意気込みが背景にあった。
　米国では公認会計士は「公」に「認められた」のでなく州ごとに行われる資格試験に合格した有資格者であるから企業によっては手心を依頼することがありえる。そのような状況から Werntz は公認会計士に国家的な使命感を持つように勧め、プライドと自信を持つことを訴えた。
　米国とわが国において食い違うのは「独立公認会計士」と正確に英和訳したことが原因である。わが国では被監査会社との「独立」を重視するから夫婦間の関係、親等の区切り、資本参加の比率等で定義している。independent が日米で異なった理解であったために「独立」は異なる意味となった。

3 わが国における「独立」の記述
　わが国では「独立」がどのような意味で使われているかを確認するために、次の 6 点の資料[注1]から検討する。

　ア．川北博編著における記述
　a　分担担当者である藤沼亜起は、次のように記述している。

　　ディスクロージャー制度の下では、監査人が被監査会社から独立した第三者として監査意見を形成することは監査が成立する基本的な要件であるといえる。わが国の監査基準の一般基準 2 では、「監査人は、監査を行うに当たって、常に公正不偏の態度を保持し、独立の立場を損なう利害や対立の立場に疑いを招く外観を有してはならない」として、実質的にも外観上も独立性を確保することが強く求められる ［川北、2005、p. 25］。

「外観上の独立」は通常の会話であれば意味不明の表現であるが、専門用語として成立している。したがって、藤沼は、以上のように条文を引

用して紹介している。これ以外に藤沼自身による定義があるはずだが、その類いの記述はない。引用箇所がわが国の「一般基準」なのであるから常識的知識の範囲内で理解可能なはずである。それが意味不明であることは何らかの問題があるということになる。

　藤沼は「独立」を「実質的にも外観上も」と２つの側面から構成されるものと指摘しているがその引用源の記述はない。

　b　分担担当者である山崎秀彦は、ISB 公開草案を次のように紹介している。

　　（SEC の独立性基準審議会が2000年11月に公表した公開草案『監査人の独立性に対する概念的枠組み』〈ED00-2〉から）「監査人の独立性」は「不偏的判断を下す。監査人の能力を危うくさせるまたは危うくさせられると合理的に考えられる、圧力およびその他の要因からの自由」(ISB〔2000b〕、パラグラフ74) であると定義され、監査人の独立性のゴールは、「財務諸表作成プロセスに対する利用者の信頼性に応じ、資本市場の効率性を高めること」(パラグラフ８) であると規定している。［川北、2005、p. 97］

　上記の引用において「からの自由」は free from であるから川北および山崎は誤った語学教育を受けていたことが窺える[注2]。『ウェブスター辞典』は「法的・政治的な市民としての権利を有すること」と示しており、束縛から離れるという意味も示されている。また、山崎は「独立」に関する見解を示していない。結果的に監査におけるキーワードを精査なしで使用している。山崎は SEC の独立性基準審議会（Independence Standards Board、ISB）の公開草案を紹介しつつ「監査人の独立性」を述べているのであるから、independence の訳が「独立性」であることを前提としている。わが国において「独立」という訳があいまいなままである状態を認めている。「独立」をあいまいにしたまま今後も継承されるのであろう。

　c　分担担当者である松井隆幸は、米国 SOX 法第２章「監査人の独

立性」の第9条を紹介し、Release No.33-8183から監査人の独立性が侵害される場合を紹介している（項目記号は松井稿による）［川北、2005、p. 120］。

　　a 経営者の役割を果たす
　　b 監査人自身が行った業務を監査する
　　c 被監査会社を擁護する

　松井はSECが記述しているIndependence of Auditorsを「監査人の独立性」としているがその訳は検討していない。この研究過程の記述はない。
　d　分坦担当者である紺野卓は、次のように記述している［川北、2005、pp. 137-138］。

　　米国公認会計士協会は、上述の独立性基準審議会が2001年に公表したフレームワークの延長線上にあるものとして2004年に概念フレームワークを採択し、「独立性」を「精神的独立性」（Independence in mind）と「外観的独立性」（Independence of appearance）であると定義している。
　　i 精神的独立性 ── 専門家としての判断を傷つけるような力によって影響されることなく証明業務を行うことを可能にする心の状態。（以下略、筆者注）
　　ii 外観的独立性 ── 合理的判断をする第三者および適用されているセーフガードを含むすべての適切な情報をもっている第三者が証明業務を行うファーム、または会員についての高度さ、客観性および専門的懐疑心が損なわれていると合理的に判断を下すような状況を避けること。

　更に、紺野は、「独立性を脅かす状況」である脅威について、パラグラフ1046において列挙されている、自己レビューの脅威、擁護の脅威、

利害対立の脅威、馴れ合いの脅威、威嚇の脅威、自己利益の脅威、経営参加の脅威、の7つをあげ、これらの脅威を緩和または除去するコントロールをセーフガードであると紹介している。

紺野は、「精神的独立性」と「外観的独立性」を解説したが、「独立性」に関する研究過程の記述はない。問題なのは「セーフガード」という用語を「外観的独立性」を解説するキーワードとしていることである。紺野が示す定義はかつて AICPA が示した文章と同じであり、それを参考に提示している The Financial Times Lexicon が示している文章とも同じである。「外観的独立性」についての世界の趨勢は2000年の Helene Bon の SEC 宛書簡により改訂されているから、2005年出版の本書の増刷や改訂の際に Bon の所説および IFAC による「外観的独立性」に沿うべきであった。

紺野は世界中で通用しない定義を示している。

川北編著作についてまとめれば、山崎の free from、松井の independence、紺野の independence in appearance に関する訳がわが国における通念のみに準じていることが明らかとなる。川北は編著者としてこれら3分担執筆者の記述を認めている。

イ．千代田邦夫による記述

　　監査報告書の表題は、「独立監査人の監査報告書[※]」と記載される。監査人の独立性を強調することによって、財務諸表利用者に監査報告書への信頼性を与えることができるからである。同時に、監査人に対して独立性の重要さを再認識させる意味もあろう。(※日本公認会計士協会〈2011〉「監査保証業務委員会実務指針」第85号〈平成23年7月8日〉、項目「監査報告書の様式及び記載内容等」、文例「独立監査人の監査報告書」p. 5、および『監査基準』、巻末別表「独立監査報告書」)［千代田、2009、p. 181］

ウ．朴大栄編著による記述
a　分担担当者である天野雄介は、次のように記述している。

第5章　independentおよびindependenceを検証する

（公認会計士法や日本公認会計士協会倫理規則などを通じて）監査法人に求められる独立性保持のための厳格性は益々高まってきている（のが現状である）。……中略……（大手監査法人において通常導入されている社内管理システム〈独立性管理システム〉は）①クライアントとの契約に関する独立性管理システムと②個人ごとの独立性遵守システムが存在する。②のシステムは監査法人に勤務している職員とクライアントとの間に独立性を侵害するような関係がないかを確認することである。［朴、2014、pp. 102-103］

b　分担担当者である松本祥尚は、次のように記述している。

（財務諸表監査を担当する）監査人の独立性に関する論争は、古くて新しい論点であり、今日でもその独立性を強化するための制度的な措置について種々検討されている。最近では、監査役が監査人の選任と報酬決定に主導的役割を果たすべきことが提言されるに至っている（この部分、日本経済新聞［2007］の引用、筆者注）。現在のわが国金融商品取引法に基づく法定監査が、社会制度として実施されている以上、監査人の公正不偏の態度（実質的独立性）のみならず、独立の立場（外観的独立性）の確保が要求されねばならない［朴、2014、p. 203］。

朴の記述には、「独立」の定義がない。SEC等の行政サイド、AICPA等の団体サイド、IFAC等の国際機関のサイドのいずれかで定義には微妙な差異があるから、自身の「独立」に関する見解を明らかにすべきであった。『広辞苑』および『ウェブスター辞典』の引用は最低限必要だった。朴はindependent auditorを「独立監査人」としているが通念に準じているから正しいという認識のようである。松本が引用した上述の「実質的独立性」と「外観的独立性」は原著者の意図から離れている。

エ．山浦久司による記述
山浦は「独立」について次のように記述している。

　改正公認会計士法も金融商品取引法も会社法も、法令上は「監査報告書」という表題を法文中に示しているが、これらの規定は表題の具体的な名称までを規定しているのではなく、むしろ、表題を「独立監査人の監査報告書」とすることは可能であると解釈し、「独立監査人」という名称を入れることにより、独立した監査人と同様の倫理規範を要求されない内部監査人等の監査報告書と区別することが可能となり、財務諸表の利用者に監査報告書への信頼感を与えることが可能である［山浦、2004、p. 361］。

山浦は「独立」の定義をしていない。『ウェブスター辞典』を参照した形跡はない。

第2節　わが国法律・機関による「独立監査人」

1 公認会計士法による「独立」の記述

　公認会計士法（令和5年11月29日、法律第百三号）では「独立監査人」に関連して次の条文を設けている（下線は筆者注）。

　第1条（公認会計士の使命）公認会計士は、監査及び会計の専門家として、独立した立場において、財務書類その他の財務に関する情報の信頼性を確保することにより、会社等の公正な事業活動、投資者及び債権者の保護等を図り、もつて国民経済の健全な発展に寄与することを使命とする。
　第2条（公認会計士の職責）公認会計士は、常に品位を保持し、その知識及び技能の習得に努め、独立した立場において公正かつ誠実にその業務を行わねばならない。
　第3条～第25条（略、筆者注）

第5章　independentおよびindependenceを検証する

　第26条（信用失墜行為の禁止）公認会計士は、公認会計士の信用を傷つけ、又は全体の不名誉となるような行為をしてはならない。（条文は総務省法令開示システムによった）

　公認会計士法は、「独立」や「独立監査人」の表現は使用していないが、「独立した立場」の表現により公認会計士の「独立性」が守るべきものとしている。監督官庁として会社の事業活動が「公正な事業活動」の実現に努力すべきことを明文化している。
「公正」が努力目標でなく、「独立」監査によって実現すべき行為として示されていることは、監督官庁の強い姿勢を示している。ここでは、independent auditor は「独立監査人」、independent accountant は「独立会計士」、independence は「独立」とされている。

2　企業会計審議会監査基準委員会による記述
　企業会計審議会監査基準委員会「独立監査人の監査報告書」においては「独立」は次のように記述されている。

　　独立監査人の報告であることを示す「独立監査人の監査報告書」という表題は、監査人が独立性についての職業倫理に関する規定のすべてを満たしていることを表明するものであり、それにより独立監査人の監査報告書を独立監査人以外の者が発行する報告書と区別している（『会計監査六法』平成25年版、監査基準委員会報告書700第A15項、p. 2、61-2762）。

　これは監査基準の文章であるので、どのような経緯で「独立」という文言を採用した「独立監査人」が採用されたかは示していない。その根拠となる用語は、SEC独立性基準審議会におけるindependent auditorであろうが、米国において、この用語は1936年のAIAによる「独立監査人による検証」および1939年のSEC主任会計官Werntzの講演タイトル「独立監査人に何が求められているか――投資家の観点から」（What is expected of the Independent Auditor: from the Viewpoint of the Investor）に遡ることができる［Werntz、1940、原文頁記載なし］。米国におけるindependent auditor は米国現代史のキーワードでもある。米国史に敬意を以て臨めば「独立」について新しい展開となる。

③ 日本公認会計士協会による「独立監査人」に関する記述

『職業倫理ガイドブック』では、公認会計士の「独立性」は、「精神的独立」と「外観的独立性」であるとして、次のように記述している[注3]（項目表示は原著による）［日本公認会計士協会、2016］。

> 一　精神的独立性
> 職業的専門家としての判断を危うくする影響力を受けることなく、結論を表明できる精神状態を保ち、誠実に行動し、公正性と職業的専門家としての懐疑心を堅持できること。
> 二　外観的独立性
> 事情に精通し、合理的な判断を行うことができる第三者が、全ての具体的な事実と状況を勘案し、会計事務所等又は監査業務チームや保証業務チームの構成員の精神的独立性が堅持されていないと判断する状況にはないこと。

ここに記述されている「精神的独立性」と「外観的独立性」を英訳すると、英語表記である independence of mind と independence in appearance に戻るから国際的に問題はない。しかし、邦文を英訳すると2つの「独立性」が本来とは異なった内容となる。

また、同協会 HP では、「外観」という記述が本来の意味を離れており、挿絵の効果も相乗して「公認会計士が外観を守る」が他の意味で解釈されかねない（星がきらめくスーツ姿の男性が示されているので、一見しただけなら「外観」は服装やみだしなみを守ることとなる）。

第3節　海外における independence または independent auditor の記述

1 国際会計士連盟（IFAC）による記述

　IFAC（International Federation of Accountants）は、専門職能を強化することおよび国際経済の発展に強力に貢献することによって会計専門職が公共の利益に資するために尽力する国際機関であり、175カ国が参加している（当稿執筆時。筆者注）。IFACのHPには、IFACについて、世界知識への入り口、独立性基準設定審議会（Independent Standard-Setting Boards）の3つのインデックス・タブがある（http://www.ifac.org/）。第3タブでは次の4審議会が紹介されている（番号は筆者の便宜による）。

　　ア　国際監査・保証基準審議会（International Auditing & Assurance Standards Board, IAASB）
　　イ　国際会計教育基準審議会（International Accounting Education Standards Board, IAESB）
　　ウ　会計士のための国際倫理基準審議会（International Ethics Standards Board for Accountants, IESBA）
　　エ　国際公会計基準審議会（International Public Sector Accounting Standards Board, IPSASB）

　IESBA は「世界中の専門会計人のために、監査人の独立性の要件を含めて、理論的に体系だっている国際的に適切な倫理基準を設定することによって、公共の利益に資する独立基準設定機関」であるとの開設趣旨を述べている。『会計専門職のための国際倫理綱領ハンドブック』巻末の定義集には次のように independence を精神的脱柵性※(Independence of mind) と外周内脱柵性※(Independence in appearance) の両面から定義している(※タイトルおよび本文は筆者訳による。筆者注)［IESBA, 2023, p. 302］。

a　精神的脱柵性

　　会計専門職としての判断を行ったにかかわらず、これに対して妥協をさせようと影響力を行使する人々に左右されることなく、監査報告書の結論の記述を自ら行うことができる精神的状態。これが可能となれば、監査人は一個人として統合性を念頭に行動することができ、客観性を実行し、見過ごしがちの問題も専門職ならばこその指摘ができること（この訳は問題がないので原文略。筆者注）。

　　b　外周内脱柵性

　　合理的思考力を持ち、かつ情報に通じた第三者が、監査事務所員または監査・保証業務担当者について総合的判断力、客観性または専門家としての分析に妥協が行われてきたと結論づける可能性が強い場合、当該案件が重要案件である場合にはその業務および業務関連諸事への参加を避けること。

　　Independence in appearance—the avoidance of facts and circumstances that are so significant that a reasonable and informed third party, would be likely to conclude that a firm's or a member of an audit or assurances team member's, integrity, objectivity or professional skepticism has been comprised.

　この２例の場合、内容的には会計監査人が陥りやすい状況を示して指導指針としているが、aもbも「独立性」にすると意味が通じなくなる。更に、わが国においてはindependentが何を示すのか分からなくなるという問題もある。「外周内脱柵性」であれば公認会計士に業務離脱の義務を負わせていれば、公認会計士にやむを得ない事情があれば仕事から離れることができるとの意図がはっきりする。

2 『国際監査基準』(IAS) による記述

　IAS（International Auditing Standards）では「全般原則と責任」ISA200「独立監査人の総括的目的及び国際監査基準に準拠した監査の実施」

(Overall Objectives of the Independent Auditor and the Conduct of an Audit in Accordance with International Standards on Auditing）のタイトルに「独立監査人」が見られるが、定義はない。年次報告書は、『独立監査報告書 —— IFIAR 年次総会』（*INDEPENDENT AUDITOR'S REPORT to the Annual Meeting of the IFIAR Verein, Berne Reg.* Nr.1.14091.914.00421.02）であるが「独立監査人」の定義はない。

3 証券監督者国際機構（IOSCO）による記述

　IOSCO（International Organization of Securities Commission）は、監査人の「独立性」に関して次のような原則を示して、その重要性によって実行を求めている。金融庁 HP 上で例示している翻訳は、次のとおりである（項目番号と表記法は原著による）[注4]。

> 監査人の独立性及びそのモニタリングにおける企業統治の役割に関する原則（証券監督者国際機構〈IOSCO〉専門家ステートメント、2002年10月）
> 序文
> 1．（前略）当該原則は、とりわけ、規則によって以下について確保すべきであるとしている。
> ・財務諸表についての独立した証明及び専門家による外部監査を通じた会計原則の遵守。
> ・明確かつ国際的に受入可能な基準に従った監査の実施。監査人の独立性を確保する規則
> ・会計基準・監査基準の遵守を執行する仕組み
> 2．このステートメントの目的は、上場企業の財務諸表の監査人の独立性に関する原則について IOSCO の専門委員会の見解を示すことにより、上記の原則を実行することである。
> 3．（略）
> 監査人の独立性に係る原則
> 4．外部監査人は、投資家・債権者等の利害関係者が資本配分の決

定を行うための基礎として利用する公表財務諸表に対して、独立した立場から信頼性を与えるという非常に重要な役割を果たす。監査人は、実際上かつ外観上独立していなければならない。

5．6．（略）

7．上場企業の監査人の独立性基準は、監査人がその専門家としての判断や客観性を損うかもしれない、また合理的な投資家からみて損うかもしれないように見えるいかなる影響、利害または関係から自由である環境を促進するようにするべきである。

8．9．10．（略）

11．（前半略）専門委員会は、国際会計士連盟（IFAC）による「会計士の倫理規定」が、監査人の独立性に対する潜在的な脅威（threats）について有益な分析を提供していることに留意する。

・自己利益
・自己レビュー
・擁護
・親密
・脅迫

（出所：http://www.fsa.go.jp/inter/ios/press06.pdf.）

　金融庁の翻訳はわが国における常識的な用語・翻訳例に従っている。ただし、上記にある「外観上独立」は independence in appearance の訳であろう。7の「いかなる影響、利害または関係から自由である」は誤訳である。原文が free from であるから「あらゆる影響、利害または関係を排除する」である。また、11で指摘している6つの脅威を避けることが「独立性」を保つことであると示唆されているが、それらがいかに「独立性」と関連するかという点は示されていない。米国における smoke free（禁煙）や free spirit（禁酒）は、わが国で慣れている一語一義の理解では「喫煙自由」や「思想の自由」となりかねない[注5]。ちなみに free from は『ウェブスター辞典』では「法的・政治的な市民としての権利を有すること」や「束縛から離れる」である。

④ 米国公認会計士協会（AICPA）による記述

AICPA（American Institute of Certified Public Accountants）は、HP上のOnline Professional Library に Independence の見出しを設け、次のように定義している[注6]（AICPA＞Online Professional Library＞Independence、筆者訳、項目番号は原著による）。

> 脱柵性は、２要素から成り、次のように定義される（AICPA, 2014）。
> ａ．精神的脱柵性は、協会員が専門的判断に妥協を行う影響によって左右されることなしに証明業務を行うことができる精神の状態である。それにより個々の会員が業務を整合性により実行し、かつ客観性ある行動をとり、専門家ならではの懐疑を下すことができるようになる。
> ｂ．外周内脱柵性は、適用すべき予防措置を含む全関連情報の知識を有する、合理的で十分な情報を持った第三者が、監査当事者または証明業務に就く者の一人でも、整合性、客観性または専門家ならではの懐疑に妥協が行われるとの結論に合理的に至ることが確実であれば、その業務を避けることである。

日米の「独立」と independence との間には、意味と理解に大きなギャップがある。すくなくとも、すべての文を「independence ＝ 独立」と英和訳するには無理がある。independence を「独立」と訳すのは誤訳ではないが、「独立」を independence と訳すのは誤訳とはできないが正しいとも言えない。

⑤ 米国証券取引委員会（SEC）による記述

SEC（United States Securities and Exchange Commission）は、主任会計官室（Office of Chief Accountant, OCA）の HP において「監査人の独立性の事案に関する主任会計官室の係わり」の項目を掲げ、次のように述べている（※小川訳による［小川、2008、p. 4］。http://www.sec.gov/info/

accountants/ocasubguidance.htm）。

　公開企業は、財務諸表の監査人が、人がそうであると自負しているように独立であることを確実にする責任を有する。……中略……監査人の独立を確実にする収益費用が適切に報告され提示されているということを確実にするのと同様に重要である。監査人の独立が損なわれる場合、会社は独立した会計士が監査した財務諸表の開示要件を満たすことはできない。監査の最終局面で独立の問題が生じた場合、開示は遅れることとなり、会社の財務報告書の信頼性に疑問が投げかけられることとなる。
　監査の独立の問題が独特の複雑性をもったトラブルとなることはよくあるが、主任会計官室のスタッフは、会社または監査人が懸案の監査人の独立について書簡等によって具体的事実を詳細に報告すれば、これまでなかった明快さでガイダンスを提供できる。……中略……状況によっては、なんらかの独立性のルールを明示するよう依頼された場合、特に、口頭による説明もあり得る。

　以上の文章では independent を独立と訳してもなんとか意味は通じる。しかし、第1パラグラフの下から3行目「監査の最終局面で独立の問題が生じた場合」と第2パラグラフの下から2行目「なんらかの独立性のルールを明示するよう依頼された場合」は意味が通じない。わが国では independent を「独立」とする訳が正しいことになっているが、SEC が意味不明な文章を HP に掲載することは考えられないから他の訳の可能性を配慮すべきである。わが国では independence または independent の本来の意味が使用されないで、「独立」または「独立監査人」の訳が機械的に使われている。これからのわが国会計学の発展のためにも、independent および independence の英和・和英対応は検討を要する。この両語は米国人の琴線に触れる問題であるから慎重を幾重に重ねてもやりすぎはない。
　『ウェブスター辞典』が示している内容を繰り返すまでもなく、

第 5 章　independent および independence を検証する

independence または independent は、Werntz が監査に対応する公認会計士のあり方に関して述べているとおりに、「脱柵性」、「不服従」、または「脱依存」の意味合いである。

　最近は、SEC も IFAC も監査担当者の independence に関連して監査契約の年限にも言及している。ある年（例：7年限度）を超えると監査契約を続けないということは「independence － 独立」では意味不明となる。従って、independence に含まれている free from の思想も重視されていることが分かる（監査担当者の7年ローテーションは SEC 監査倫理委員会が資料として展示している Baker Hughes 社に対する全米鋼板労働者年金基金〈Sheet Metal Workers' National Pension Fund〉の請願状が好例である）。

⑥ SEC独立性基準審議会（ISB）による記述

　SEC は「独立性基準審議会」（議長 William T. Allen）を立ち上げ、監査における独立性に関する基準を発表した（わが国において「精神的独立性」および「外観的独立性」として知られる2つの側面からの定義は、2001年公表の「監査人の独立性の要件に関する委員会修正」に見られるが、2つの側面からの定義は、2000年9月25日付の Helene Bon 国際会計士連盟会長からの書簡に基づいているため、本定義は国際会計士連盟の項において扱っている）。

　審議会の第1回報告書は3ページ4節からなる「監査委員会との独立性の議論」であった。主要な部分は次のとおりである（項目番号は原著による）。

第1節　基準

1．当基準は、米国証券取引委員会が所管する「証券法」において特定のエンティティに関して独立会計士と考えられると意図されるすべての監査人へ適用する。
　かかる監査人は、年間最低1回は次の3項を行うものとする。
　ａ．当該会社の監査委員会（これがない場合、会社の理事会）に対

73

して書面により、監査人、監査に関連するエンティティ、当該会社、監査人の専門職としての判断において独立性が保たれることが合理的に考えられる関連エンティティとの間のすべての関係を開示すること。

ｂ．同上においては、同上の専門職としての判断において、監査人は、同上法が示す意義の範囲内で当該会社とは独立であることを確認すること。

ｃ．監査人の独立性に関しては、監査委員会と論議すること。

２．３．略

第3節　背景と結論のための基礎

4．1998年5月、当審議会（ISB）は、「コメント募集」（[ITC98-1]）を公表し、米国公認会計士協会SEC実務部会（SECPS）の経営執行委員会へ勧告を提示した。

本提示ではSECPS※のメンバー会社の監査委員会が年1回は監査のクライアントに対して監査事務所がクライアントから独立であると確認することが求められていた。従って、この独立性の確認によって監査人は、独立性に関する論議で、監査委員会との見解一致を申し出ることができるようになった。（※「独立」は原著では"independent"である。筆者注）

5．6．略

7．……中略……法の規定により、会社は「独立」会計士に携わることが求められ、この提案により部門管理者は、会社が当該要件を満たすことを自己の満足とできるようになった。また、審議会は、監査事務所が「独立性」に影響を及ぼすことが多い判断を擁する事案を描き、論議という行政による指示が当重要案件に関する監査事務所内部の大きな方向性をもたらしたことと信じる。

8．9．略

10．審議会は、監査委員会と監査人が本質的な監査手続きに入る前に行われる論議を義務化するかについて考慮していた。監査委員会にとっては、監査着手前に独立性についての満足を得ることに明快

第5章　independentおよびindependenceを検証する

な便益がある。……中略……この件に関する法的強制は不要だった。（Independence Standards Board, No. 1, *Independence Discussions with Audit Committees*、ページ記載なし）

7　1934年証券取引法第10A節　監査の要件に関する記述

　監査の要件を示している第10A節（Section 10A Audit Requirement, Securities Exchange Act of 1934）はaからmまでの13款から成り、独立監査人の行為や勤務態様を定義している（a〜f略）。

　g　以下の行為を行う者は独立監査人の行為ではないので禁止される。
　(1)　監査クライアントの会計記録または財務諸表に関連する記帳もしくはその他の業務
　(2)　財務情報システムの設計および導入
　(3)　評価業務、対外的意見書作成、現物出資に関する報告書
　(4)　保険業務
　(5)　外注された内部監査業務
　(6)　経営者または幹部社員として勤務
　(7)　株式等投資仲買人、同投資取引実行、投資顧問または投資銀行業務遂行
　(8)　監査に関係しない分野を含む法律業務およびその他熟練を要する業務
　(9)　公開会社会計監視委員会（Public Company Accounting Oversight Board, PCAOB）が規則によって容認しないその他のすべての業務
　h　非監査業務の承認要件
　i　事前承認を要するもの
　(1)　総論
　(A)　監査委員会
　(B)　仔細事案に関する例外

(2)　投資家への開示

(3)　権限委譲

(4)　監査業務の承認

　j　登録された公共会計事務所は、株式発行者の監査を行う場合、主任監査人および主たる責任を負う監査人は5年を超えて業務に就くことは違法である。

　k　監査委員会への報告

いかなる株式発行者へも当タイトルによって要求されるすべての監査を行う登録された公共会計事務所は、適宜、株式発行者の監査委員会に対して以下の報告を行うものとする。

(1)　使用されるべきすべての重要性ある会計方針および実務、(2)　株式発行者の経営幹部と論議してきたgaap（全体として受け入れた会計原則、筆者注）の範囲内にある財務情報に関するすべての差し換え可能な計算方法、これらの方法で別途開示される結果および計算方法から得られる修正情報、ならびに監査を担当する公認会計士が採用している計算方法、(3)　監査を担当する公認会計士と株式発行者との間で交わされたやりとりで、書簡または相違箇所が訂正されていないカレンダー等のその他の書面による。

　l　登録された独立公共会計事務所に雇用される会計士が、1年以内に当該発行すべての者の最高経営執行者（CEO）、主任会計担当者、またはこれらと同等の業務を行っていた場合、登録された公共会計事務所は株式発行者に対していかなる監査業務も行うことは、利害の相克の観点から違法である。

　m　監査委員会に関連する基準

(1)　SEC規則

(2)　公認会計士事務所に関連する責任

(3)　独立（脱シガラミ）

　ここでも、independenceの英和訳の問題が出てくる。SEC証券関連法で規定された違反行為を犯すとindependentではなくなる。それにもか

第 5 章　independent および independence を検証する

かわらず、「独立でなくなる」というと意味が通じない。

8 2002年サーベンス・オックスリー法による記述

　サーベンス・オックスリー法※では「独立」や「独立監査人」について次のように記述している。

※法律名は小川訳による［小川、2008、p. 182］。（項目の記号と番号は原著による。筆者注）

　　第1部　監査人の独立性
　　第201節　前述 g に同じ
　　第203節　前述 j に同じ
　　第206節　前述 l に同じ

　以上のサーベンス・オックスリー法に記載されている independence も independent auditor も原文では全体的な文章の整合性がある。しかし、その部分を「独立性」や「独立監査人」とすると多くは意味が通じなくなる。

　2012年証券取引法修正法では、違反すると独立性を侵害するとしているものは1934年法第10A節を引用する形で示されている。（項目記号は原書による。本修正法のコードは P. L. 112-158、AUGUST 10、2012）

9 Werntz にみる independence または independent auditor の意義

　ア．Werntz による公認会計士への啓蒙

　SEC の第2代主任会計官（Chief Accountant）である William W. Werntz は公認会計士に対する啓蒙活動に当たった。中心テーマは Independent Auditor であり、これによって財務情報開示の基礎を構築することを目指した。守屋俊晴によれば、Arthur Levitt（SEC 元委員長）が大恐慌以前の監査について「独立性を守るべき会計事務所は、顧客企業と手を結んで会計基準を甘くしていた。それでも足りなければ企業に都合の悪いことをごまかすのに進んで加担した」としている［守屋、2012、p. 29］。

Werntz は 1936 年に AIA※（American Institute of Auditors）広報「独立公共会計士による財務諸表の審査」("Examination of Financial Statements by Independent Public Accountants") により「独立監査人」を啓蒙し（※後に AICPA）、米国主要都市での講演会を通じて会計士の意識向上に取り組んだ。Werntz は監査に当たって「独立監査人」であることの重要性を述べ、前述のように「free from control of others」という定義を実例や識者の見解をまじえて啓蒙した。
　Werntz は independence の意味の中にある「柵にとらわれない」に関して力説していた。

イ. Werntz の記述
　Werntz が啓蒙した Independent Auditor は 現在においても重要な概念であり、SEC の HP では多くの検索ヒット数となっている。Werntz の業績は SEC 主任会計官の在勤時期である 1939 年〜1940 年が最も顕著である。Werntz が 1939 年にサンフランシスコで行った講演内容は、公認会計士の職務意識の高揚に関して現在にも含蓄がある［Werntz, 1939］。要点は次のとおりである。

> 　independence は「他からの統制を排除すること※」であり、目的を達成する場合、必要なことである。「不服従」は、意図的または無意識の偏見を持たないことであり、これを確実にするため、様々な要因に対して正当性があるか否かを確認するため、別の視点からのチェックや調整を行い、手間のコストを考え、得られる成果との兼ね合いを図って、確実に実行していく。……中略……独立性は、意図的または無意識であっても偏見を持たないことであり、様々な企業内事情に相応のウエイトを付けることであり、監査の結果に対して視点を変えた観点から再点検を行うことである。(※「排除する」は、さまざまなノイズが襲ってきても、これに陥ることなく自己の信念によって拒否する姿勢を示すことである。筆者注)

第5章　independentおよびindependenceを検証する

　監査の現場に当たる会計士には様々な働きかけや圧力がかることはジャーナリストの指摘にもあるように、大きな問題である。会計士および関連機関が実名で登場している著作（山口敦雄〈2003〉『りそなの会計士はなぜ死んだのか』毎日新聞出版）からは、公認会計士が、税効果会計をめぐって、事務所、金融機関、監督官庁の全体的な構図の中で最終的に死に至ることになった状況が記述されている。エピローグを兼ねた取材の要約として、わが国における公認会計士監査も分析されており、近代性に欠けた全体像が示され、東芝不正会計事件を示しているようである。山口が independence に関する内外への取材を更に進めれば、相当数の公認会計士が救済されたのではないかとも思える。

　Werntz の講演録で見る限り independence を「独立性」とするとほとんど意味が通じない。Werntz は「会計士自身の信念による自主」（筆者訳）を最も重視しているが、わが国の現在の「独立性」では意味不明である。

ウ．Werntz と Grady

　Werntz の啓蒙から約四半世紀後、AICPA 会計研究広報第7号において、Grady は authoritative support と gaap との一体性を示していた。gaap の詳細は、1970年発表の AICPA 会計基準審議会第4号で展開されたが、わが国では「本質的な権威の支持による」、「一般に公正妥当と認められた会計原則」として議論が進展していった。わが国においては実務・学会・官公庁に精通した人材が不在のまま独自の会計原則が形成された。

　米国では SEC と AICPA によって authoritative support に基づき形成された gaap に従って財務諸表が作成され、independent auditor が independent（free from control of others）に監査するという財務情報開示と投資家保護策が構築されていった。その後、1973年の FASB の設立に至った。

第4節　辞書に見る「独立」またはindependent/independence

[1]『研究社新英和大辞典』によるindependentの記述

『研究社新英和大辞典』ではindependentを次のように示している（pp. 1072-1073）。

1　独立の、自主的な、自立の、自由な
2　独立の精神をもつ、他人に服することを潔しとしない、自尊心の強い；気ままな
3　〔他の〕影響を受けない、[他に]依存[関係]しない；独自の、別々の
4、5、6、7、8、9略

以上の訳による限り、independentを「独立」としても間違いではないが、疑問は残る。同辞典ではIndependence Dayはindependence dayであれば「不服従記念日」でしかないのに、大文字表記であるがゆえに、通例どおりに「独立記念日」としている。この通例を確定した訳として扱い、independentを「独立」と固定することで、海外の記述にあるindependentの意味が通じなくなっている。同上訳の2と3はindependentに生じる問題と同じである。ただし、日本語で「独立監査人」と表現された公認会計士が2と3の意味も含んだ行動をとるとは考えられない。

わが国において監査報告書に「独立監査人」を冠したり、監査基準において公認会計士の「独立性」をうたっているがわが国内でのみ通じる造語である。

[2]『ジーニアス英和大辞典』によるindependentの記述
1．[他の人・物に]たよらない、依存しない、自主的な、自由の、
2．〈国などが〉独立した、自主の、支配を受けない、

第5章　independentおよびindependenceを検証する

　3．［……と］関係がない、かかわりがない、独自の、他の影響を受けない、（放送・学校が）民営の、
　4．独立心の強い、独立独行の、自尊心の強い、
　5．（収入・資産などが）働かなくても楽に暮らせるだけの、
　6．［通例限定］［しばしば　I～］（政治）党派に左右され、
　7．［数学］独立の、
　8．［言語］独立の、
　9．［宗教］独立協会の、
　10．［統計］（変数・事象が）独立の、
　11．［論理］（命題が）独立の
　　　　　（『ジーニアス英和大辞典』2011、EX-word、カシオ）

　ここで示されている意味は、1～3および5と6はdependentの対義語としての意味である。2で「独立」が示されているが、国の独立の場合である。independentから「独立」を除けば、AICPA資料もSEC資料も理解できるようになる。ここでは辞書として優れた内容が示されている。7～11の「独立」は、すべて学術用語であり、「独立監査人」の解明には該当しない。

3　『ウェブスター辞典』によるindependentの記述
　『ウェブスター辞典』はindependentを次のように述べている（筆者訳）。

　　1．依存しない：a(1)　他人による統制に従わないこと（自己統治）、(2)　自分より大きな統制組織に属しない（例、非チェーン店系書店）、b(1)　他の何物も要求しない、またはそれらに依存しない、付随的ではない（主体尊重型結論）、(2)　自己の意見のために、または行為の指標のために、他人に頼らない、(3)　ある政党に縛られない、または関与しない、c(1)　他人を必要としない、または頼らない（例、配慮または生計に関して）、(2)　生活のための労働の

必要性から十分に解放されていること（例、誰も当てにしない手段を持つ人）
1. not dependent: as **a**(1): not subject to control by others: SELF-GOVERNING (2): not affiliated with a larger controlling unit <an～bookstore> **b**(1): not requiring or relying on something else: not contingent <an～ conclusion> (2): not looking to others for one's opinions or for guidance in conduct (3): not bound by or committed to a political party **c**(1): not requiring or relying on others (as for care or livelihood) <～ of her parents> (2): being enough to free one from the necessity of working for a living <a person of～ means> ((2) 以下略、*Merriam-Webster's collegiate dictionary*, 2003, p. 633)

　ここで注目すべきことは、わが国で広く知られている「独立」に該当するものがないことである。ここで示されているのは、すべて dependent（従属する、頼る）の in（反対語）としての意味である。この意味であれば SEC が公認会計士個々の意志や判断に基づいた「反従属」または「不服従」によって監査すべきであると主張していることは現実味が増す。AICPA のその他の文書も同様である。
　言語は常に歴史によって培われた社会の伝統と文化として作られているものであるから、手元の英和辞書に「独立」となっている記述を信じ込んで翻訳すると誤訳となる。わが国でのみ通用する意味で、independence や independent を含む英原文を和文に置き換えて使用していることは反省の時期に向かっていると言える。研究社が最高レベルの英語力と英語の知見をもつ日本人を集めて編纂したものであっても、『ウェブスター辞典』と食い違う記述を掲載している事実は残る。

4 『広辞苑』による「独立」の記述
　『広辞苑』は「独立」について次のように述べている（項目番号は原著による）。

①それだけの力で立っていること。
②個人が一家を構え、生計を立て私権行使の能力を有すること。「－して店を構える」
③単独で存在すること。他に束縛または支配されないこと。ひとりだち。特に一国または団体が、その権限行使の能力を完全に有すること。「司法の－」

（『広辞苑』2008、p. 2008）

　これでは「独立監査人」が「監査人」とどう違うかという疑問は解明できない。『広辞苑』に頼る限り、ア．independent auditor を独立監査人と訳したことの適不適、イ．訳は正しいが「独立」の訳の正否、ウ．independent に含まれる意義は「独立」が唯一か、という3種類の問題が生じる。

5　『英語語源辞典』による「独立」の記述
　　　independent は1611年と1640年に「独立」、「自立」の意味として公式（市販辞書に掲載の意味、政府発表ではない）に初出し、1811年に自立による自治権の獲得という意味での（国の）「独立」が示されている［『英語語源辞典』1997、p. 707］。

　1611年の辞書に「独立」を示す語として現れた背景は、1581年にオランダがスペインから「独立」したことである。この独立は、宗主国であるスペインに対する独立戦争によって得られた。戦争によって「独立」を得る事実は当時の欧州の人々には衝撃であったであろう。それまでの国は領主である国王が一定領土を支配している状態でしかなかったが、そこから新しい国ができたことになる。
　オランダ独立以前は、dependent に in を付けた単語は「不服従」または「脱依存」であるが、辞書編纂に当たったわが国学者にとって、戦争によって国が自立するということは発見であり、新しい概念に出会ったことになる。しかし、文明開化の時代環境の中で、徐々に入手したフラ

ンス革命や米国建国の情報も衝撃だったはずである。このような欧米情報から independence または independent に「独立」という翻訳語を設定したことは新時代を拓く意義から妥当だったであろう。しかし、本来使われていた dependent の対義語としての independent が「独立」という訳だけで認識されたことは、理解不十分であった。1776 年に米合衆国の独立があったが、これも宗主国である英国に対して起こした独立戦争の結果であった。わが国ではオランダ独立以前に永く使われていた「不服従」または「脱依存」に類する意味は薄められるか省略されてしまい、時代の趨勢を示す新語としての「独立」の訳が定着することとなった。

6 『アメリカ日常語辞典』による independence の記述

『アメリカ日常語辞典』によれば Independence Day ＝ 独立記念日、Independence Hall ＝ 独立記念館、Independence Square ＝ 独立広場が示されている（『アメリカ日常語辞典』1994、p. 227）。このように米国にある建国の根幹を表現する熟語が存在しているため、「independence ＝ 独立」という英和対応が当然視され、辞書編纂に影響が出た可能性はあり得る。

以上検討してきた結論として、independence には多くの英和訳が可能であるが、わが国会計学界では 1930 年代に Werntz が SEC の立場から強調していた意義を無視して「独立」または「独立性」の訳を採用してきた。そのため、海外の原著者が「独立」以外の意味で記述したものを誤訳することになった。

米国では、independence を「独立」だけの意味で考えていなかった例として 1940 年 4 月 Journal of Accountancy 誌に John L. Carey が記述した編集記を示す。ここでは「独立」とすると意味が通じなくなるが、「柵がない」、「依存性がない」、「従属心がない」と訳すれば意味が通じる（independence はわが国における通常の訳による。筆者注）。

監査人の独立性

　公認会計士は監査料金を払い仕事ぶり全体を采配しているクラ

イアントから全体として独立であり得るだろうか。この問いは JOURNAL OF ACCOUNTANCY 誌上の「発見と意見」の部からの引用によって証券および取引委員会から投資銀行の会計実務に関する議会宛報告書において直接に提起されている。

Independence of Auditors

Can a certified public accountant be wholly independent of the client who pays his fee and controls the tenure of his appointment? This question is directly raised by the Securities and Exchange Commission in its report to the Congress on accounting practices of investment trust companies, excerpts from which are quoted in the Findings and Opinions section of this issue of THE JOURNAL OF ACCOUNTANCY. [John L. Carey. 1940, p. 2495.]

第5節　結論：Independent Auditorの啓蒙からGAAPの形成

前述したように1949年、Werntzは、財務諸表監査に当たって公認会計士が投資家保護のために「他からの統制を受けない監査人」であるべきことを啓蒙した。その後1965年にGradyはARS第7号において1943年にSECが会計連続通牒第4号で提唱した「根拠ある背景」（authoritative support）を引用して被監査会社で行われている初出の会計実務が全体的に受け入れられる会計実務（generally accepted accounting principles）であるとの認識の下で監査を行うべきことを述べた。

1970年APB第4号が公表され、APB第7号の思想を財務諸表作成に採用することを提示した。ここでgaapの略称が記述された[注7]。1973年FASBが成立しArmstrong初代議長の下で会計基準が新たに展開されることとなった。

後日、Grady、WerntzおよびArmstrongは、オハイオ州立大学※会計殿堂入りとなった（※当時、現在は米国会計学会、筆者注）。わが国ではさほ

ど取り上げられることのない3氏であるが米国会計界は最高の評価を与えて労に報いている。

注1 著者名アイウエオ順、2016年4月6日現在の横浜市立中央図書館および同8日現在の神奈川県立図書館における開架書庫蔵書を対象とした、ただし、川北博編著作物は、神奈川県立図書館（紅葉ヶ丘）において「監査＆独立」のキーワードにより検索して得た閉架書庫蔵書である。

注2 free from は米国人がよく用いる文章スタイルであり、「(積極的な意志として) 〜をしない」を意味する。「〜から自由である」ではない。

注3 日本公認会計士協会は、この他に「ハロー！　監査辞典」(2016年7月25日開設) をHPで公表している。また、この以前には、「独立性」をかなり精緻に定義しようとした形跡が、監査・実務委員会研究報告「専門業務実務指針4400『合意された手続業務に関する実務指針』に係るQ&A」（公開草案、平成26年〈2014年〉4月16日）に窺える。本公開草案における「独立監査人」に関係する部分は次のとおりである（章立ておよび項目番号は原著による）。

　　　第1部　監査業務における独立性
　　　第2部　監査業以外の保証業務における独立性
　　　目的
　　　……会員が概念的枠組みアプローチを適切に理解し、独立性の要請を遵守できるよう支援すること……
　　　II　独立性に対する概念的枠組みアプローチ
　　　4　会計事務所及び監査業務チームの構成員は、監査業務の依頼人から独立していなければならないことが要請されている。
　　　5　第1部では、会計事務所及び監査業務チームの構成員が、独立した立場を保持するために、概念的枠組みアプローチを適切に理解し適用できるよう支援することを目的としている。
　　　6　独立性は、次の精神的独立性と外観的独立性から構成される。
　　　(1) 精神的独立性
　　　　職業的専門家としての判断を危うくする影響を受けることなく、結論を表明できる精神状態を保ち、誠実に行動し、公正性と職業的懐疑

第5章　independentおよびindependenceを検証する

心を堅持できること。
(2) 外観的独立性
　　事情に精通し、合理的な判断を行うことができる第三者が、全ての具体的な事実と状況を勘案し、会計事務所又は監査業務チームの構成員の精神的独立性が堅持されていないと判断する状況にはないこと。

　以上では、監査を行うに当たって内部・外部から行われる干渉や工作に影響されることなく、「公正」な判断によって排除して業務に当たることを述べている。この記述であればわが国内では通用する。しかし、これを英訳して該当部（ここでは下線付きの用語の部分）をindependenceで表現すると、別の意味になる恐れがある。independenceを「独立性」とすることは間違いではないが、「独立性」をindependenceとすると、英文だけで公認会計士法を読む人々は、「独立性」以外の意味も含めて理解してしまうので、わが国で通用している「独立性」と異なった内容を伝達することになる。

注4　IOSCOは次のように述べている（筆者訳）。
　　4．外部監査人は、（中略）資本配分の意思決定を行うための基礎として、投資家、債権者およびその他の利害関係者が利用する公表財務諸表について柵にとらわれない信頼性を担保に当たり重要な役割を演じる。換言すれば、監査法人は、事実および外周において共に柵にとらわれてはならない。
　　5．6．（略）
　　7．*上場企業の監査人に関する脱従属性の基準は、監査人が、専門家としての判断または客観性を損う可能性が高い、または合理的な投資家の観点において、専門家としての判断または客観性を損う可能性が高い、あるゆる影響または利害関係を排除する環境を促進することを意図すべきである。*

　　Principles of Auditor Independence and the Role of Corporate Governance in Monitoring an Auditor's Independence, A Statement of Technical Committee of the International Organization of Securities Commission, October 2002, OICV-IOSCO (l'Organization Internationale des Commission de Valeur-the International Organization of Securities Commission).

Introduction

1. . . . . the principles note that, among other things, regulation should be intended to ensure:

·An independence verification of financial statements and compliance with accounting principles through professional external accounting auditing. (abbreviated).

·Rules designed to ensure the independence of the auditor.

2. Views of the IOSCO Technical Committee on the principles that should govern independence of auditors of financial statements of listed entities.

3. (abbreviated)

Principles of auditor independence

4. The external auditor plays a critical role in lending independent credibility to published financial statements used by investors, creditors and other stakeholders as a basis for making capital allocation decisions.

. . . . . . (abbreviated). . . In other words, the auditor must be independent in both fact and appearance.

5. 6. (abbreviated)

7. *Standards of independence for auditors of listed entities should be designed to promote an environment in which the auditor is free of any influence, interest or, relationship that might impair professional judgment or objectivity or, in the view of a reasonable investor, might impair professional judgment or objectivity.* (p. 3)

8. 9. 10. (abbreviated)

11. . . . . (The Technical Committee notes,. . .) the Code of Ethics for Professional Accountants provides a useful analysis. . . . . . under the following headings:

·Self-interest

·Self-review

·Advocacy

·Familiarity

·Intimidation

12. *Standards of auditor independence should establish a framework of principles, supported by a combination of prohibitions, restrictions, other policies and procedures and disclosures, that addresses at least the following threats to independence*:

·*self-interest*;

第 5 章　independent および independence を検証する

・*self-review*;
・*advocacy*;
・*familiarity*;
・*intimidation*.

注 5　このような誤訳によってわが国の監査のありかたに疑問が生じる。

注 6　AICPA は、「独立監査人の総合的目的および一般に最高として認められた監査基準に準拠した監査行為」（AICPA. 2015. *Overall Objectives of the Independent Auditor and the Conduct of an Audit in Accordance With Generally Accepted Auditing Standards*, AU-C Section 200, Overall Objectives of the Independent Auditor, pp. 77-102.）という文書を掲載しており、independent が見られる。ただし、定義またはその内容に関する記述はない（http://www.aicpa.org）。

　　同協会「監査基準審議会」（Auditing Standards Board）が公表している「監査基準報告書」では、「独立性」について次のように述べている。

　　1．監査人は、クライアントに関して偏見を持たないこと、
　　2．監査人は、企業の経営管理者および所有者に限らず、債権者および当該独立監査人が作成した監査報告書を頼りにしている人々に対しても公平に扱う責務を負うこと、
　　3．大多数の人々は独立会計士を永く信頼しているという専門家意識を最重要として自覚すべきこと、
　　4．監査人は独立であるために、知識ある高潔さを持つべきこと、独立していると認めてもらうこと、クライアント、経営管理者または所有者には何の借りも貸しもないこと、
　　5．独立監査人は、事実が独立であるだけでは不十分であり、いずれかが、結果的にその独立性を疑うことになるような状況には入らないこと、
　　6．当職能は、AICPA 専門職行動綱領に記載のように、独立性喪失の想定を犯さないように自己研鑽に努めること、これらは規則・定期検査のような類ではなく個人的資質の問題である。
　　7．証券取引委員会（SEC）も監査人の独立性のための要件を採用している（SEC 独立性基準審議会公表物を参照せよ）。
　　8．独立監査人は、上述の規則・公表物の精神の中で実務を行うこと、

9．多くの企業は、独立監査人を取締役会が指名する、または株主が選任するという慣習に準拠し、経営管理者からの独立性を強調している。
（原文は7項からなる文章。筆者が整理上、箇条書きでまとめた。AICPA. 1972. SAS, No. 1 section 220.）。

注7　generally accepted と authoritative support は第1章に準ずる。
　米国においては、証券取引委員会による投資家保護政策が行われ、成果は経済社会の改革となって現れた。米国では1934年制定の証券取引法の第10A節が現在にまで運用されて投資家保護が推進されている。SECとAICPAは協力してこの政策を進めた。
　この一環として generally accepted accounting principles も監査業務の遂行中に難問に直面した場合の公認会計士が持つべき心構えとして強調された。

参 考 文 献

American Institute of Certified Public Accountants. 1972. *Independence.* AU Section 220. Source: SAS No. 1.

American Institute of Certified Public Accountants. 2014. Definition, *Ethics Code of Professional Conduct*, Online Professional Library, effective December 15, 2014.

Carey, John L. 1940. "Independence of Auditors," EDITORIAL, *The Journal of Accountancy*, April 1940, Vol. 69, No. 4.

International Ethics Standards Board for Accountants. 2023. *Handbook of the International Code of Ethics for Professional Accountants*, 2023 Edition, New York, NY: International Ethics Standards Board for Accountants.

Merriam-Webster's collegiate dictionary, Eleventh edition, 2003, Springfield, MA: Merriam-Webster's Inc.

United States Securities and Exchange Commission. 1943. Public Law 107

(Sarbanes And Oxley Act 1943), Section10A.

United States Securities and Exchange Commission. February 5, 2001. File 57-13-00 Revision of the Commission's Auditor Independence Requirements.

United States Securities and Exchange Commission. 2002. Public Law 107-204 (Sarbanes-Oxley Act of 2002), Title III Auditor Independence.

Werntz, William W. 1939. "What is Expected of the Independent Auditor: from the Viewpoint of the Investor," Before the Annual Meeting of American Institute of Accountants at The Fairmont Hotel San Francisco, California, Thursday, September 21, 1939. http://www.sec.gov/news/speech/1939/092139werntz.pdf（ダウンロード2016年4月2日）.

Werntz, William W. 1940. "Independence and Cooperation," A Speech held at Regional Conference of the Controllers Institute of America, Swampscott, MA: The Ocean House, June 13, 1940, Washington, D.C.: Virtual Library, the United States Securities and Exchange Commission.

石田三郎（2011）『監査論の基礎』第3版、東京経済情報出版。

今井幹夫（2015）『非常識の日本語――三浦つとむ認識論による日本語解明』社会評論社。

今沢真（2016）『東芝不正会計――底なしの闇』毎日新聞出版。

小川宏幸訳・Marc I. Steinberg著（出版年不明）『アメリカ証券法』雄松堂。

カシオ（2011）『ジーニアス英和大辞典』大修館書店、カシオEX-word搭載

川北博編著（2005）『新潮流・監査人の独立性』同文舘。
　　山崎秀彦担当、第6章「アメリカ独立性基準審議会（ISB）の活動と成果」。
　　松井隆幸担当、第8章「SOXにみる監査人の独立性規制」。
　　紺野卓担当、第9章「アメリカ公認会計士協会（AICPA）における独立性規制」。

企業会計審議会監査基準委員会「独立監査人の監査報告書」（監査基準委員会報告書700第A15項）。参照『会計監査六法』平成25年版

〈2013〉、日本公認会計士協会・企業会計基準委員会共編、日本公認会計士協会出版局。

黒田全紀（1997）『会計の国際的動向』同文舘。

小稲義男編（1982）*Kenkyusha's New English-Japanese Dictionary*（『研究社新英和大辞典』）研究社。

瀧田輝己（2014）『体系監査論』中央経済社。

竹森一正（2014）「The Wheat Report の会計学研究における意義」『経営情報学部論集』第28巻第1・2号、中部大学経営情報学部。

竹森一正（2015）「Marshall S. Armstrong による "substantial authoritative support" の定着と GAAP の形成」『経営情報学部論集』第29巻第1・2号、中部大学経営情報学部。

千代田邦夫（2009）『現代会計監査論』税務経理協会。

辻峰彦（2002）「研究室から ── 国際会計と日本」『JICPA ジャーナル』2002年3月号。

長吉眞一（2012）『監査基準論』中央経済社。

朴大栄編著（2014）『監査法人の独立性と組織ガバナンス』同文舘。
　　天野雄介担当、第5章「監査契約と独立性」。
　　松本祥尚担当、第9章「監査人の選任・報酬主体としての保険会社」。

田崎清忠編著（1994）『アメリカ日常語辞典』講談社。

寺澤芳雄（1997）『英語語源辞典』研究社。

新村出編（2008）『広辞苑』第六版、岩波書店。

日本公認会計士協会（2011）「監査保証業務委員会実務指針」第85号（平成23年7月8日）。

日本公認会計士協会（2014）監査・実務委員会研究報告「専門業務実務指針4400『合意された手続業務に関する実務指針』に係る Q&A」（公開草案）、平成26年4月16日。

日本公認会計士協会（2016）『職業倫理ガイドブック』倫理委員会、平成28年6月1日。

日本公認会計士協会（2016）「ハロー！　監査辞典」平成26年7月25

日。http://www.jicpa.or.jp/ippan/cpainfo/student/keyword/2007/04/post_57.html

守屋俊晴（2012）『監査人監査論』創成社。

弥永真生（2015）『会計監査人論』同文舘。

山口敦雄（2003）『りそなの会計士はなぜ死んだのか』毎日新聞出版。

第6章　ヘボン英和辞典と奥野昌綱

第1節　ヘボン英和辞典の展開と英和訳の推移

1　J・C・ヘボン『和英語林集成』

　ア．ヘボン英和辞典初版の問題点

　1867年に James C. Hepburn（以後、ヘボンとする）はわが国初の洋式製本による外国語辞典である『和英語林集成※』を刊行した（※以後、集成とする）。1859年ヘボンは米国フィラデルフィアから渡来したキリスト教宣教医であり、渡来当初から1866年まで「in the course of his own reading, or heard in use among the people（書物だけでなく、生身の教師を頼りとして作成……木村訳による、筆者注）」と述べられている［木村、2015、p.23］ように、周辺の日本人との会話と源平盛衰記や平家物語や草双紙から得た日本語から作成し、第1部を和英篇20,772語、第2部を英和篇10,030語を和英に並べ替えて作成した。後日第2部のみを英和辞典として刊行し、再版と第3版を刊行した。ヘボンがわが国における外国語辞典を調査した形跡はない[注1]。

　イ．ヘボン英和辞典初版におけるauthorityの英和訳

　ヘボンはミカド（天皇）とオカミ（江戸幕府の将軍）との関係や薩摩・長州と江戸幕府との関係を知っていたがわが国の統治機構全体は理解できていなかったようである。日常的な語彙は周辺の日本人から集めることができるが、社会構造に関するものは、医師業の傍ら開いていた英語塾の生徒から聞いたのであろう。

　第1部の和英篇では、「権威」も「一般の」も記載がないが、第2部の英和篇では、authority と general は次のように記載されている（日本語はヘボン式によるローマ字記述であるので筆者が日本語表記した。筆者注）。

authority	権、勢い、威勢、威光
general	大将、将軍
generally	大抵、大方、総体、概ね、大概、元来、おおよそ

（形容詞の general は記載がない。筆者注）

　ヘボンは、「権、勢い、威勢、威光」の日本語が authority に対応すると考えたようである。『ウェブスター辞典』1856年版における authority の第1の記載はここでの意味と一致しており、米国古語が英国古語に似ていたことを示している。同じ『ウェブスター辞典』であっても 2003年版では上掲の意味は記載されてはいるが低い順位になっている[注2]。

　ウ．ヘボンによる authority ＝「ken」の認識
　集成の第1部では記載がないのに第2部では authority を「ken」と英和訳を示している。ヘボンは、英語塾生から聞いた「ken」をメモしたがおそらく塾生は「権力」または「権威」と言ったのであろう。塾生達は講義後に振る舞われるウイスキーやビール等の貴重な洋酒を飲みながら話していたはずであるから舌が回らなくなって「権威」のイをうまく言えなかったことはあり得る。「権力」であれば「源平盛衰記」を読み込んでいたヘボンがリョクを聞き逃すことはない。この「ken」は他の米国人も英国人も把握していなかった貴重な情報だった。
　ヘボンは、「ken」が日本において統治の精神構造に属するものであることに気がついたようだが漢字1文字では不自然である。そこで authority にある英国古語の意味を当てて「権威」としたことが考えられる。英国王 Charles I（チャールズ1世）以前であれば、国王の絶対的な権力機構で支配されていたから妥当である。
　岸田吟香はヘボンの弟子となって初版の編纂を手伝った［木村同上書、p. 24］が内容については提案しなかったようである。第1部に「ken」がなく第2部に authority と英和訳の「ken」が記載されていることについて関心を持たなかったのであろう。

エ．生麦事件[注3]による「ken」の認識

　ヘボンは清教徒革命以前の英国王政と徳川将軍下の政府機構が似ていても対応困難と考えた可能性はある。ヘボンは1862年に起きた生麦事件[注3]の被害者の検屍と治療にあたっていたから日本の厳しさを実感していた。ヘボンは、生麦事件によって真の「ken」を知ったことになる。切った武士当人は警護の立場から当然の職務に過ぎなかったが西洋人にとって日本に恐怖を感じたことであろう。

　ヘボン他の西洋人は、日本では武士が礼儀やプライドを過剰なまでに尊重すること、個人の事情を無視しても社会構造を守る「ken」は上海や厦門等で得た知識を超えたものであると知ったことになる。

２　J・C・ヘボン著『和英語林集成』再版（1872年）
　ア．ヘボン英和辞典再版におけるauthority
　1872年（明治5年）、和英英和辞典として同じ書名で再版が刊行された。再版において奥野昌綱[注4]が手伝いに加わった。

　第1部和英篇ではKEN-Iのローマ字と共にフォントをやや大きめにした「権威」の見出しがあり、この和英訳として「Power、authority、dignity」が示され、例文として〜no ikioiに「force of authority」の訳が示されている［平文、1872、p. 232］。第2部英和篇ではAUTHORITYの見出しに「Keni、isei、kenpei、seiji、seifu、kwan-nin、kenpei-ka」の英和訳がローマ字※で表記されている［平文同上書、p. 14］（※これら7語は山口によれば、権威、威勢、権丙〈または遣兵〉、政治、政府、官人、権丙家である［山口、1997、p. 88］）。

　再版の掲載内容が独立をindependenceとしているように初版より日本的感覚が強いから再版作業の5年間の大半は日本人弟子に任せたのであろう。authorityを「権威」としたのは日本人である。

　明治に入ってキリスト教禁教が公的には問われないことになったためヘボンは在米当時に考えていた日本語聖書の作成に没頭した[注5]。この作業にも奥野は大きく関わった。奥野は幼少のころから四書五経について造詣が深かったが、ヘボンは奥野が表面西洋、内面日本流儒教という

精神的二重構造であったことに問題を感じなかったようである。

　横浜居留地の西洋人が第1部和英篇において KEN-I または「権威」が「Power、authority、dignity」と和英訳されているからわが国における「権威」についてほぼ理解できる。しかし、第2部英和篇において AUTHORITY は「権威、威勢、権丙（または遣兵）、政治、政府、官人、権丙家」と英和訳されているからこの英和訳で米国における AUTHORITY を理解できるか疑わしい。また英和訳として「権丙」は問題である。本来が古語であるから古語の注記が必要だった。

　この英和訳では「権威＝政治＝政府＝官人」という考えがあったことになるので米国人の感覚ではない。日本人向けであれば明治政府の官吏が封建領主のようにふるまっていたから適訳である。

　イ．再版における「権威」への改訂

　初版における「ken」は再版において「Keni」または「Ken-i」となった。これは第1部で KEN-I、第2部で Keni と記載されており辞典編纂のプロが関与していないことが分かる。

　初版においてヘボンは「威勢」、「威光」の訳語を示しており、この2つの語彙を応用すれば、権勢も権限もあり得た。しかし、「ken」では日本語として成り立たないから、ヘボンは奥野のおかげで日本の秩序の根本にある「ken」に類似した何かを「権威」と確定した。

　ヘボンは日本語聖書の委員会活動の中、多少ではあっても辞典改版に関与していたようである。ヘボンは奥野が進言したことを評価して、和英見出しの KEN-I のヘボン式ローマ字と共に「権威」をフォント拡大による漢字見出しによって功労に報いている。ヘボンは初版において未解明だった用語を重視していたことが分かる［黒田、1996、p. 86］。

　ウ．わが国における国家観と authority

　「authority＝権威」とする英和訳は再版において不動のものとなった。明治政府の成立は西洋社会におけるような市民の戦いによるものでなく、江戸時代の旧武士階級の政権交代だった。この政権交代の過程にお

いて「権威」は引き継がれた感が強い。福沢諭吉でさえ、米国における民主主義という国家運営の基盤がローマ帝国以来の public opinion であり、その上で政府や政策がなりたっていたことは理解できなかったようである。わが国の近代化は天皇制を基軸とする大日本帝国憲法を中心としており、表面上は西洋の近代主義であるが、国民の精神的基盤は徳川幕藩体制の維持に都合よくアレンジした儒教と朱子学であった。江戸時代と異なるのは学校教育を通じて全国一律に強制したことだった。従って国家の社会秩序が「権威」によっていると言われても異論はなかったはずである。江戸時代には特に意識されなかったが、明治時代の近代的法体系と教育を通じて「権威」が国民一般に浸透したのであろう[注6]。わが国では「いや、ちょっと待って」の意識があってもそれを契機に社会改革が進むことは殆どない。

　ヘボンが横浜山手居留地において日本語聖書の委員会に没頭していたため解決できていなかった問題を未解決のまま出版したことになる。

　ここに西洋人がわが国の歴史と教養を研究する際に出会う難関を窺うことができる。江戸時代という完成した鎖国社会においてごく一部の人々しか知らなかった「権威」が明治時代に確定され、この趨勢は英和辞典記載によって急速に大衆に普及し、更に学校教育における英語の授業を通じて、「authority ＝ 権威」および「権威 ＝ authority」という考えが固定化されたと見ることができる。その結果150年間にわたる継承となった。

　エ．ヘボン英和辞典における general
　ヘボンは初版では形容詞と副詞を区別せずに和英篇では「大抵」、「大方」、「大概」は、generally として副詞で扱った。和英篇では「将軍」を天皇から国の統治を託された武士の最高位の称号であるから general であるとしている。これは正確ではないが間違いではない。しかし集成の英和篇は日本人弟子が英和篇の英和対応を忠実に英和で並べ替えただけであり、結果的に general の英和訳が「将軍」となった。西洋社会の軍人とわが国の武士との比較をしないままに機械的な作業をした結果であ

る。これにヘボンも奥野も異議を唱えた記録はない。

オ．ヘボン英和辞典の再版における PIR
　明治時代に入ると『ウェブスター辞典』は誰でも手に入り、わが国辞典業界がヘボン英和辞典の記載内容と照合調査し訂正することは可能であったが、その動きはなかった。更にヘボンが日本語聖書に全力投入したためか訂正箇所を検討しなかったようである。
　奥野は日本語聖書の完成に抜群の功労を示し、讃美歌の日本語翻訳という業績も果たしたが、英語について『ウェブスター辞典』も『オックスフォード辞典』も参照の形跡がなかった。
　ヘボンの周辺に多数いたとされる米国人の宣教師はヘボン英和辞典をレビューしなかった。米国長老派教会本部はヘボン英和辞典の補強のための宣教師を派遣しなかった。一方で1878年4月ヘボンは Satow に集成第3版の改訂作業への協力を依頼したが、断られている［横浜開港資料館、2013、p. 122］。Satow は「静山」という書の雅号を得ているほどであるから PIR に最適任者だった。

第2節　1880年以降のわが国の英和辞典

[1] 斉※藤重治譚『袖珍英和辞典』初版（1881年）
　この辞典は、かつて存在したとされる堀達之助による『袖珍辞書』（1862年）を思い起こさせる書名である。この書名では新しい英和辞典を思わせるが、実態はヘボン英和辞典のコピーに斉※藤重治なりの修正を加えた内容である[注7]（※正字は複雑であるので、簡易字体による、以下同。筆者注）。前例にならい2語の記載例を示す。

　　authority　　権勢、信用、支配人
　　general　　　総大将、一般の、通常の

　本辞典には、authority の英和訳に「権威」がない。斉藤の英語感で

99

は権力との関連では authority には「権威」ほどの強い意味がないことになる。この訳は、David Thompson[注8]（米国長老派教会宣教師タムソン）の影響を感じさせる。タムソンは、国王に「権勢」を認めても「権威」はないと考えていたのであろう。英国史におけるチャールズ1世の斬首刑は、英国の王制に「権威」がなかったから起きたという見方もできる。また、米語感から authority にはわが国で考えられている「権威」に相当する意味がないので外した可能性もある。同じ米国人とはいえタムソンはヘボンが渡来して3年後の渡来であるから、その3年間に『ウェブスター辞典』はある程度普及していたはずであり、『ウェブスター辞典』を参照した可能性はある。

　上掲の「信用」と「支配人」の意味は『ウェブスター辞典』にはない。斉藤が何かの機会に見つけた authority の使用例から創作したのであろう。

　本辞典における特徴は、general を形容詞としても扱い、「一般の」という英和訳を示したことである。「一般の」の出所はシェイクスピア演劇が最も有力である。この時期（明治14年）になると、シェイクスピア演劇はよく知られた西洋演劇であるから、斉藤が、その内容を研究して、国王が人民大衆を見下す表現として「諸々の民」の意味で general を使っていることに着目し、当時、日本語になかった「一般の」を創作したことが考えられる。集成初版に「一般の」が掲載されていなかったから8年間にわたって施療所を訪れた患者、英語塾生およびヘボン館に出入りした各種商人といったヘボン周辺の日本人の会話から「一般の」を聞かなかったため、ヘボンの日本語収集には入らなかったことになる。

　斉藤が「一般の」という英和訳を得た契機についてもタムソンが係わりを持ったことはあり得る。当時、洋書の輸入が可能になったとはいえ発注と代金支払いは大変な手続きを要したはずであり、シェイクスピア演劇の脚本を入手することは困難を極めるものと考えるべきであろう。斉藤にそれが可能であったとすればタムソンの蔵書にあった書籍を閲覧したか、タムソンの紹介で英国公使館または横浜の英国領事館の蔵書を

閲覧したことになる。

　斉藤が得た「一般の」の英和訳によって読者は現代語（1881年現在の）として理解した。一連のシェイクスピア演劇は、16世紀末から17世紀初頭の英国においてそれから200～300年前（14世紀末から15世紀初頭）を想定して執筆された時代劇である。そこで語られる会話は当時から見た古語であるから、その脚本の日本語翻訳は、わが国でいう室町時代以前の言葉に相当することになる。それを「一般の」としたことは演劇脚本の翻訳としては秀作であったが、辞典において古語の注記を加えなかったという編纂上のミスがあった。しかしそれがわが国の英和訳の定番となって現代に至っている。

2　斉藤重治譚『袖珍英和辞書』第3版（1886年）
『袖珍英和辞書』初版の5年後に第3版が刊行されている。概略的に内容は同じであるから実質は増刷である。両語は次のように記された。

　　authority　　威勢、政府、信用、政治、支配人
　　general　　　一般の、通常の

　authorityを「権威」とする訳はここにもない。初版の「信用」と「支配人」に加えて、「政府」と「政治」が新たに加えられている。社会的に「威勢」を発揮するのは「政府」であり、その具体的な姿が「政治」と考えたのであろう。適訳ではないが間違いではない。本辞典第3版においてもgeneralを「一般の」と記載している。ここでは、「通常の」も加えられているが、米語として本来の意味である「全体の」や「（地位や階級における）最高の」は記載されていない。斉藤の周辺の米国人は会話の中でgeneralを出さなかったことになる。

　この当時、刊行される英和辞典は多少の違いはあってもヘボン英和辞典の海賊版であった。ここでは表紙に「斉藤重治譯」と記載している。中表紙には「ウエブストル氏省像」の説明とサイン付きの白人男性の写真を載せているが内容に『ウェブスター辞典』との整合性はない。副題

に「英国人タムソン校閲」を示しているがタムソンからの指導は疑わしい。斉藤はタムソンが authority の説明の際に詳細な清教徒革命と名誉革命を述べたであろうから英国人と勘違いした可能性がある。タムソン本人は黙っていたようである。

3 わが国英和辞典における米国長老派教会宣教師の貢献
　ヘボンおよびタムソンという米国長老派教会宣教師は、幕末から明治初期という期間にわが国に英和辞典を普及させた。同派が米国において英語聖書によって布教する方針と同様にわが国でも現地語である日本語聖書によって布教せねばならないという方針の下での副産物であった。カトリック教会の布教は聖職者がラテン語の聖書を解説して布教するという方法であったがこの布教方法に批判的だったようである。
　掲載された英和訳に見る限り、斉藤は自身も英語学習に取り組み、その成果を英和訳として辞典掲載していたことが窺える。英語力は奥野よりも高かったようである。

4 米国平文先生著『改訂・増補・英和和英辞典』(1888年)
　丸屋商社の丸屋善七がヘボンから版権の譲渡を受けて刊行したわが国初の本格的商業出版の英和辞典である。表紙には「米国平文先生著」と書かれている。ここでは弟子の高橋五郎も参加した。
　authority、general、generally は次のように英和訳が示されている（原著ではヘボン式ローマ字で記載、筆者邦字化。「権威」は原著での記載による）。

　　authority　　権威、威勢、権丙、政治、政府、命令、官吏
　　general　　　一般の、通例の、大抵の、大方の、大概の
　　generally　　大抵、大方、大旨、大概、大略、大よそ

　辞典の書名は一新されているが、authority は「権威」でありその他も集成再版と同じである。集成再版後16年後の出版であり、ヘボンの日

本語聖書（新約）は1880年に完成しているからヘボンに時間の余裕はあったはずであるが、authority を「権威」とした根拠である日英封建制の検証を行った形跡はない。第3版にも authority に「権内」の訳があり、『ウェブスター辞典』とかけ離れた和製翻訳語が固定されたことを示している。general は斉藤案の「一般の」を取り入れている。この訳は明治時代の市民感情にあっていたようであり先頭に記載している。

　奥野および高橋は斉藤に対して『袖珍英和辞典』初版以来の経緯や「一般の」の訳の経緯を尋ねるという交流がないままコピーをしあっていたことになる。

　1888年刊の『改訂・英和集成』増補改正版を以て authority は「権威」、general は「一般の」を定番とした。「一般に」や「一般的に」は副詞形である generally の訳として現れた。

　刊行者が何回もの世代交代を経ているのに「権威」も「一般の」もPIRによって『ウェブスター辞典』との照合をしないままに現在に至った。

第3節　ヘボン英和辞典とARS7における翻訳問題

1　時代による語彙の変化と辞典記載の課題

　言葉は時代の変化につれて内容が変化するものであり、社会や政治に関係するものであるほどその変化は大きいから、辞典には常に改訂作業が必要となる。社会や政治の変化によって表現と内容が変化しているにかかわらず同じ訳を掲載すれば、事実と記載にズレが出てくる。その具体的事例が今日のわが国の英和辞典の姿である。わが国においては、慶応年間の言葉を16世紀以前の英国古語の感覚で和英訳したものを英和逆転させて19世紀末に辞典を作成し、それをそのまま21世紀に使っている。この英和訳は数層に重なった論理のすり替えで作られていることを認識すべきだろう。

2 ヘボン英和辞典の日本会計研究学会スタディ・グループへの影響

同上スタディ・グループは公表当初早々に AICPA 刊行の ARS7 に注目した。ただし、その研究結果は、常識的にわが国の英和辞典に頼ったために内容がデフォルメとなった。結果的に GAAP/SAS の重要部分である generally と authoritative を 1965 年当時から遡って約 100 年前であれば発表できなくはないという程度で翻訳した。

同上スタディ・グループは、わが国における英和辞典を信頼するあまり辞典が抱えている瑕疵に気付くことなく、また米国人の文を読むうえで必須であるはずの『ウェブスター辞典』を参照することなく翻訳を進めた。本研究は、原著者 Grady の意図を誤訳していたのにかかわらず高い評価を受けた。

3 統計的品質管理によるヘボン英和辞典の検証

ア．統計的品質管理によるヘボン英和辞典の検証

集成初版の第 1 部では 20,000 語を超える語彙をヘボンの個人作業によって収録しているが和英訳はヘボンが英語ネイティブという点から最善の努力が払われていることが考えられ信頼できる。しかし英和訳では日本語に検討余地はあるだろう。第 2 部の英和訳の 10,030 語を母数として統計的推定を行う（便宜的に正規分布を前提とする。筆者注）。

イ．1σ の片側領域外における不適切訳の推定

1σ の片側領域外には $10,030 \times (1-68\%) \div 2$ より 1,600 語余りに不適切訳が推定され、ヘボンの専門外である社会人文系の用語や概念にミスの存在が推定される（このうち 150 は 2σ の片側領域外であるからネットで 1,450 が該当推定数となる）。逆の片側領域はヘボンの医師としての職歴および MD（医学博士）の学位を考えれば優れた英和訳のはずである。

ウ．2σ の片側領域外における不適切訳の推定

2σ の片側領域外には $10,030 \times (1-97\%) \div 2$ より 150 語余りに重要

度の高い不適切訳が推定される（このうち15は3σの片側領域外であるから正味135が該当推定数となる）。

エ．3σの片側領域外における不適切訳の推定
　3σの片側領域外を考えた場合、10,030×（1－99.7％）÷2より15語余りに社会的に影響の大きい致命的な誤訳のあることが推定される。
　以上をまとめれば次のようになる。

　　1σ片側領域外　1,600（正味1,600－150＝1,450）……慎重な検討を
　　　　　　　　　　　　　　　　　　　　　　　　　　　　要する
　　2σ片側領域外　　150（正味150－15＝135）…………修正を要する
　　3σ片側領域外　　 15 ……………………………………全面的訂正を要する

　慶応年間に初版に記載された英和訳は、暫定的であったにしてもauthorityの他にも100を超える修正を要する箇所があり、そのままで放置されていることになる。150年を経ているのであるから2σおよび3σの幅は大きめに取る必要もあろう。多方面で多種多様な指摘が潜在していることが推定される。これまで検討してきた2語が3σ該当であるとすれば残り13語も検討を要することになる。

第4節　GAAP/SASの理解におけるヘボン英和辞典の功罪

　Werntzが委員長として提言し、Gradyがその全文を引用したGAAP/SAS（"Generally accepted accounting principles" are those principles which have substantial authoritative support.）を正しく翻訳することによりWerntzおよびGradyの真意を理解できるが、ヘボン英和辞典を使用することによって誤訳になった。
　ヘボンは『改訂・増補・英和和英辞典』第3版の刊行後、直ちに第4版に向けて作業を開始すべきであった。教育の観点からも、自身が総裁となった明治学院および妻Claraの友人達が設立したフェリス女学院や

横浜共立学園をはじめとする学校の多くにおいてより良質の英和辞典が教育の現場から求められていたであろう。

　辞典改訂の方法論は暗中模索であったろうが、行わなかったことが正当化されるわけではない。PIR の相談相手には福沢諭吉等の米国経験者、夏目漱石等の英国経験者また英語ネイティブの英国人または米国人等の相談する人材は豊富だったはずである。結果的に国際的に通用しない英和辞典をもたらすこととなった。

　　注1　ヘボン英和辞典以前の英和辞典関連情報
　　　　正確には初の外国語辞典は、イエズス会神父の作成といわれる『日葡辞典』（1600年初頭、手書きの和綴じ製本）である。堀達之助著『袖珍辞書』初版（1862年）および同再版の『英和袖珍辞書』（1866年、1867年、1880年）も存在したことが知られている［高谷、1989、p. 235］。『文久三年御蔵島英語単語帳』（通称、1863年作成、発見は小林亥一）も広義には英和辞典である。同書は東京都（現在）御蔵島に保管されていた文書であり、1863年に同島の栗本市郎左衛門が沿岸で座礁した米国商船バイキング号の搭乗員483名から聞き出した約400の英単語を記した英和メモである［小林、1998、p. 1］。

　　注2　A. *Webster's dictionary of the English language, exhibiting the origin, orthography, pronunciation, and definitions of works*, sixth edition, 1856.
　　　　AUTHORITATIVE (p. 84L)
　　　　　　1. Having the authority.
　　　　　　2. Having or air of authority: positive; peremptory.
　　　　AUTHORITY (p. 84L)
　　　　　　1. Legal power or right to command or to act; power; rule; sway.
　　　　　　2. The power derived from opinion, respect or esteem; influence of character of office; credit.
　　　　　　3. Testimony; witness; or the person who testifies.
　　　　　　4. Weight of testimony; credibility.
　　　　　　5. Weight of character; respectability; dignity.
　　　　　　6. Warrant; order; permission.
　　　　　　7. Precedents; decisions of a court; official declarations; respectable opinions

and sayings; also the books that contain them.
8. Government; the person or the body exercising power or command. . . . SYN Power; sway; rule; force; ascendancy; control; influence.

B. *Merriam-Webster's collegiate dictionary*, Eleventh edition.
authoritative *adj* 1a: having or proceeding from authority; OFFICIAL <〜 church doctrines> b: showing evident authority: DEFINITIVE <a most〜 literacy critique> 2: DICTATORIAL
p. 83.
authority *n* **1a** (1): a citation (as from a book or file) used in defense or support (2): the source from which the citation is drawn **b**(1): a conclusive statement or set of statements (as an official decision of a court) (2): a decision taken as a precedent (3): TESTIMONY **c**: an individual cited or appealed to as an expert **2a**: power to influence or command thought, opinion, or behavior **b**: freedom granted by one in authority: RIGHT **3a**: persons in command; *specif*: GOVERNMENT **b**: a governmental agency or corporation to administer a revenue-producing public enterprise <the transit〜> **4a**: GROUNDS, WARRANT <had excellent〜 for believing the claim> **b**: convincing force <lent〜 to the performance> *syn* see INFLUENCE, POWER

注3　吉村昭による「生麦事件」の概要
　西暦1862年9月14日（和暦文久二年八月二十一日）、東海道神奈川宿の北方付近（現在横浜市鶴見区生麦町、旧武州国生麦村字本宮、質屋兼豆腐商村田勘左衛門邸前）の路上において、公武合体について朝廷の勅使として幕府へ赴いた薩摩藩島津久光（藩主茂久の父）が総勢400名で帰京の途中、英国商人Richardsonの乗馬が興奮して行列に割りこんだため、薩摩藩士奈良原喜左衛門が野太刀自顕流の「抜」の技によって馬上の同人を斬殺した事件（事件の詳細は吉村昭『生麦事件』を参照せよ）。

注4　奥野の生い立ちとヘボンとの出会い
　奥野昌綱（1823〜1910）は旧姓および通称幼名が竹内銀三郎であり、江戸配置の徒士であった竹内五左衛門の三男である。ヘボンと出会うまでの経歴は次のとおりである。
　1838年、幼少期に主要な仏典を読んで理解したために、五左衛門は15歳で昌平坂学問所に通わせる。入学後2年間で四書五経を習得、試験は優秀な成績を得る。
　1847年（24歳）　奥野昌忠（輪王寺宮御家司・近江守）の養子となる。

1849年（26歳）　同家納戸役に昇進。
1868年（45歳）　鳥羽伏見の戦い（1月3日）において幕府軍が惨敗した同日に徳川慶喜は官位剝奪となり、海路で江戸へ戻り（1月12日）、直ちに上野寛永寺で謹慎に入った。それ以来、奥野は江戸開城（4月11日）により慶喜が水戸へ立つまで同寺の門番を務める。新選組近藤勇が慶喜への面会を要求した際に理路整然とした理由により拒絶したエピソードがある。
1872年（49歳）　輪王寺宮家を出た後タムソンの日本語教師をしていた小川（奥野の妹の女婿）の紹介でヘボン館の料理人となったが、ヘボンは奥野の才能を見て岸田吟香を助手として進めていた集成再版作業の助手にした。

　ここで注目することは、奥野が仏典のみならず儒教にも深い素養を持ち、仏教と古代中国の倫理観を知識の基礎としていたことである。その一方、鳥羽伏見における幕府軍対薩長肥軍（兵力比15,000名対5,000名）の戦争では西洋式の装備の薩長肥が圧倒的な勝利を見せたことからその背景にある西洋の宗教であるキリスト教に関心を持ったようである（いわゆる新政府軍は薩長とされているが、肥前軍のアームストロング砲が長射程を活かして4km後方から砲撃した効果が大きかったことが戦況を決定したと考えられるため薩長肥軍とした。筆者注）。

注5　聖書翻訳に専念したヘボンの影響
　A　『集成』初版刊行後のヘボン
　ヘボンは、上海での洋式製本の集成初版に加えてわが国内において和綴じ製本の初版（表紙は日本語である、正確には上海版が1刷、本版が2刷、筆者注）を実現した。その翌年、わが国は明治時代に入り、ヘボンは聖書翻訳を進めた。1872年9月、横浜居留地39番のヘボン会堂で全国宣教師会議が行われ、新約聖書を共同で和訳することが決められた［関東学院、1984、p. 16］。翻訳委員会の開催場所は横浜山手211番のジョンソン邸（現在の横浜共立学園）とした。プロテスタント他派※の宣教師6名および日本人メンバー4名が参集し、全17章分の翻訳の分担は、ヘボンが10章分を単独で担当、他に2章分は分割担当、他派宣教師が5章分を担当した。分担が頭割りでも派別割りでもなかったことにヘボンの気配りが感じられる。1880年に翻訳が完成した（旧約聖書は1887年）［杉田、1999、p. 83］。
　明治時代に入って、ヘボンは聖書翻訳のかたわら正式な学校運営に意欲

第6章　ヘボン英和辞典と奥野昌綱

を見せていた。ヘボンは、江戸時代に神奈川に上陸した当時に比べて格段に広い人間関係に恵まれていたはずであるのに、誤訳が存在することを想定の上で辞典改訂をしなかったことは悔やまれる。一方、日本語の壁はあるから日本人弟子の養成は重要だった。

　妻Claraは幅広い友人関係から横浜共立学園およびフェリス女学園の設立の契機を導いた等、教団活動としては大きな業績を果たしているが、最もヘボンの身近で生活したにかかわらず辞典に触れた形跡はない。

※聖書委員会に参加した宣教師の所属派は、改革教会2、長老派教会1、組合教会1、メソジスト教会1、聖公会1、であった（『横浜共立学園の140年、1871－2011』2011、p. 29）。日本人メンバーは奥野昌綱（ヘボン助手）、松山高吉（グリーン助手）、高橋五郎・井深梶之助（ブラウン助手）計11名であった（助手担当の内訳は高谷［高谷、1989、p. 320］による。文献によっては井深を含めない計10名もある。筆者注）。

B　ヘボンの日本布教の方針における日本語聖書の重要性

　ヘボンはキリスト教の布教のために日本語の聖書を不可欠とした。そのためにヘボンは聖書翻訳委員会に全面的に取り組むことになる。ヘボンのこの方針は戦略性の観点からは最重要のはずであったが、米国長老派本部は理解していなかったらしい。後述のタムソンが日本へ向けて出発する時、ヘボンの辞典編纂についての情報を与えられた形跡はなかったようである（ヘボンが教育に熱心であったことは信者獲得には数字として出ないから本部が不満を持つのは当然だろう。筆者注）。

注6　福沢諭吉は、旧来の役人の態度を取る官吏について次のように述べている［福沢、2010、p. 319］。

　　政府がその方針を開国文明と決定して国事を改革すると同時に、役人が国民に対してむやみに威張る。その威張るも行政上の威厳といえばおのずから理由もあるが、実際はそうではない。ただ殻威張をして喜んでいる。

注7　A　Satow他『英和会話辞典』

　Ernest Satow＝石橋政方による『英和会話辞典』の情報もある。ただし、1830年に完成したとされる同名の手書きの和綴じ製本の辞典初版が実在したようである。復刻版の同辞典第2版では下記のとおり記載されている［Satow, 1879, p. 30］（邦語部は原著ヘボン式ローマ字記載、筆者邦字化）。

AUTHORITY (p. 30) n.（legal power）権威；権丙；(order) 命；命令；（persons exercising . . .）長官；官吏；官員；[It is a common practice to speak of the building instead of the officials; thus 役所 is a general term used by the people; 県庁, or simply 県, means the authorities of a prefecture; 官庁 is an elegant synonym for お役所. For local . . ., the word 地方官 has been used, but it is properly limited to the civilians who collect taxes and govern a prefecture; judicial or customs officials are not included under the term; その土地 is the best rendering.]

　　Satow が主著者であることを考えても石橋がヘボン英和辞典の和訳部分をコピーしたことは明らかである。英国において、authority が国家権力を意味することはありえないにかかわらず、国家権力を背景とする「権丙」および「官吏」の英和訳は明治政府のわが国の特殊事情から考え出された造語である。
　B　斉藤と石橋に見る海賊行為
　　この時期は Satow も本来の外交官の職務が多忙となり、辞典編纂に取り組めない（記録上は協力拒否）状況となり、石橋に任せたようである。石橋は独断で海賊行為を含めた改訂作業を行ったことになる。
　　Satow は、正式な日本人妻を持ち、雅号を得ているほどであるから、日本文化への造詣のほどはヘボンを大きく上回る。ヘボン英和辞典の初版にあった手直しを要する事項は相当数を知っていたはずである。しかし、再版についてヘボンが Satow に助力を求めた形跡はなく、再版作業は日本人の弟子が横浜居留地のヘボン館の中で内外との接触なしに行っていた一種の修練であったことを示している。斉藤についても同じことは言える。『英和会話辞典』に「県庁」や「地方官」があることを考えれば、石橋はヘボン英和辞典を海賊行為していることになる。
　C　和蘭または蘭和辞典の情報
　　江戸時代の長い日蘭交流にかかわらず、辞典編纂については、情報不足である。和蘭または蘭和辞典である『和蘭学彙』があることが知られているが、著者と刊行年は不明である。流通している蘭和辞典がなかったことは、『解体新書』において杉田玄白等が一語一語を文章と語彙を推量して、翻訳を進めた経緯のとおりである。

注8　米国長老派教会宣教師 David Thompson
　　David Thompson（1835年～1915年）は経歴が多彩なため、年代記的に記す［中島他、2003、p. 1］。

第 6 章　ヘボン英和辞典と奥野昌綱

1835年9月21日、米国オハイオ州生まれ。

1859年、フランクリン大学卒業。

1862年、ARP（Associate Reformed Presbyterian）派ウエスタン神学校卒業。喜望峰回りで横浜到着、米国公使館勤務、ヘボン退出後の成仏寺にてブラウン（Samuel Robbins Brown）およびバラ（James Hamilton Ballagh）と共に生活、日本語教師に小川康之助（後日改名、義綏）、旧約ヨブ記の日本語訳を開始、後、横浜居留地39番の米国長老派教会宣教師館に入居。

1864年7月、横浜奉行所は横浜英所（Yokohama Academy）開館、教師は日本人2人、米国人はブラウン、バラ、タムソン、生徒25名（安藤太郎、大島圭介がいた）。

同年11月30日、横浜大火で焼失（豚屋火事）、廃校。

1872年3月10日、士族出身の青年11名によりわが国初のプロテスタント教会（日本基督公会）、「自主独立」の精神と「超教派主義」を標榜。

同年9月20日、築地居留地17番A号にて日本基督東京公会（東京ユニオン・チャーチ）の創立式。ここにヘボン参加せず。

1877年9月17日、日本基督一致教会を創立（日本人の日本基督公会と日本長老公会、米国長老教会、米蘭両国の改革教会、スコットランド一致長老教会）。

1884年、板垣退助と共に土佐高知へ伝道。

1915年10月29日、東京新宿角筈にて没（召天）、享年80歳。東京染井霊園に妻Elizabethと共に埋葬。

参 考 文 献

American Institute of Certified Public Accountants. 1964. NEWS REPORT. "American Institute Council Acts on Recommendations For Disclosure of Departures from APB Opinions," *Journal of Accountancy*, October 1964.

Grady, Paul. 1965. *Inventory of Generally Accepted Accounting Principles for Business Enterprises*, An Accounting Research Study No. 7 of the American

Institute of Certified Public Accountants, New York, NY: American Institute of Certified Public Accountants, Inc.

Merriam-Webster's collegiate dictionary, 2003. Eleventh edition, Springfield, MA: Merriam-Webster, Inc.

Pollard, Alfred W., With an Introduction of the Edition of 1611. 1985. *The Holy Bible*-An Exact Report in Roman Type, Page for Page of the Authorized Version published in the year 1611, CUP, Oxford, Kenkyusha Tokyo.

Satow, Ernest Mason and Masakata Ishibashi. 1879. *An English-Japanese Dictionary of The Spoken Language*, second edition, Ludgate Hills, London: Trubner & Co.

Webster, Noah. 1856. *Webster's dictionary of the English language, exhibiting the origin, orthography, pronunciation, and definitions of works*, 6th edition, Philadelphia, PA: J. B. Lippincott & Co.

Webster, Noah. 1871. *Webster's dictionary of the English language, exhibiting the origin, orthography, pronunciation, and definitions of works*, Philadelphia, PA: J. B. Lippincott & Co.

赤司道雄（1988）「聖書」『日本大百科全書』13、小学館。

片子澤千代松（1952）『ヘボン訳新約聖書』基督教文庫4、ナツメ社。

木村一＝鈴木進（2013）『J. C. ヘボン和英語林集成手稿　翻字・索引・解題』三省堂。

木村一（2015）『和英語林集成の研究』明治書院。

小林亥一（1998）『文久三年御蔵島英語単語帳』小学館。

黒田惟信（1996）『奥野昌綱先生略伝並歌集』復刻版（原著は1936年刊）、大空社。

共同聖書委員会訳（1987）『聖書 —— 新共同訳』星共社。

共同聖書翻訳委員会訳（2016）『ダイグロットバイブル和英対照聖書』日本聖書協会。

斉藤重治譯（1881）『袖珍英和辞書』弐書堂蔵。

斉藤重治譯（1886）『袖珍英和辞書』第3版、弐書堂蔵。

下中弘編（1995）『平凡社大百科事典』(5)　平凡社。

杉田幸子（1999）『ヘボン博士の愛した日本』いのちのことば社。
高谷道男（1989）『伝記叢書69ドクトル・ヘボン』大空社。
高谷道男（1990）『人物叢書ヘボン』吉川弘文館。
田崎治久（1912）『日本之憲兵』原書房。
竹内照夫（2018）『四書五経入門 ― 中国思想の形成と展開 ―』平凡社。
竹森一正（2015）「Marshall S. Armstrong による"substantial authoritative support"の定着と GAAP の形成」『中部大学経営情報学部論集』第29巻第1・2号。
竹森一正（2016）「SFAS157の公正価値階層レベル3における fair value の英和訳に関する検証」『中部大学経営情報学部論集』第30巻第1・2号。
竹森一正（2018a）「『一般に公正妥当と認められる』に関する米国現代史の視点による歴史研究」*Journal of strategic accounting*, Vol. 2, No. 1。
竹森一正（2018b）「わが国における『GAAP/SAS』の解釈に関する歴史研究」『中部大学経営情報学部論集』第32巻第1・2号。
竹森一正（2019）「『substantial authoritative support』の和訳問題の解明と FASB の新会計基準形成における意義」『中部大学経営情報学部論集』第33巻第1・2号。
竹森一正（2020）「奥野昌綱のJ・C・ヘボンへの貢献と『authority』の翻訳における問題 ――『authoritative support』研究最終稿」『中部大学経営情報学部論集』第34巻第1・2号。
日外アソシエーツ株式会社編（1983）『人物レファレンス事典』紀伊国屋書店。
飛田良文＝菊地悟（1996）『和英語林集成初版訳語総索引』笠間書院。
飛田良文＝李漢燮（2000）『和英語林集成初版・再版・三版対照総索引』第1巻、港の人。
豊田千速譯（1888）『ダイヤモンド英和辞典』（版元不明）。
中島耕二・辻直人・大西晴樹（2003）『長老・改革教会来日宣教師事典』新教出版社。
福沢諭吉著、土橋俊一校訂・校注（2010）『福翁自伝』講談社。

平文譯※（1867）『和英語林集成』横濱梓行。（※表紙表記「美國平文先生譯」）
平文編譯※（1872）『和英語林集成』横濱梓行。（※同上「美國平文先生編譯」）
平文著※（1888）『改訂・増補・英和和英辞典』丸善商社蔵。（※同上「米国平文先生著」）
山口豊（1997）『和英語林集成　第3版　訳語総索引』武蔵野書院。
吉村昭（1998）『生麦事件』新潮社。
横浜開港資料館編（2013）『図説　アーネスト・サトウ —— 幕末維新のイギリス外交官』有隣堂。
横浜共立学園の140年編集委員会編（2011）『横浜共立学園の140年（1871 − 2011）』横浜共立学園。
横浜プロテスタント史研究会編（2008）『横浜開港と宣教師たち』有隣新書、有隣堂。

資料甲　日本会計研究学会長

年	氏名	備考
1967	黒澤清理事長	企業会計審議会長（1966/8〜）
1970	黒澤清会長・理事長	同
1973	黒澤清	同
1976	青木茂男	企業会計審議会長（1984/1〜）
1979	青木茂男（再）	同
1982	飯野利夫	企業会計審議会長（1982/8〜）
1985	染谷恭次郎	
1985	中島省吾	
1991	森田哲弥	企業会計審議会長（1994/2〜）
1994	新井清光	企業会計審議会長（1987/9〜）
1997	高田正淳	
2000	武田隆二	TKC
1991	森田哲弥	企業会計審議会長（1994/2〜）
2003	安藤英義	企業会計審議会長（2006/12〜）
2006	斉藤静樹	企業会計基準委員会（ASBJ）委員長
2012	伊藤邦雄	
2015	桜井久勝	
2018	徳賀芳弘	企業会計審議会長（2019/2〜）
2021	薄井彰	

資料乙　企業会計審議会長

予備段階の2機関を冒頭に示す。

企業会計制度調査会委員長　　上野道輔
企業会計基準審議会長　　　　上野道輔
企業会計審議会長　　　　　　上野道輔　　1952/8〜1962/7
　　　　　　　　　　　　　　太田哲三　　1962/7〜1966/8
　　　　　　　　　　　　　　黒澤清　　　1966/8〜1980/1
　　　　　　　　　　　　　　番場嘉一郎　1980/1〜1982/4
　　　　　　　　　　　　　　飯野利夫　　1982/8〜1984/1
　　　　　　　　　　　　　　森田哲彌　　1994/2〜1998/8
　　　　　　　　　　　　　　若杉明　　　1998/8〜2003/1
　　　　　　　　　　　　　　加古宜士　　2003/1〜2006/12
　　　　　　　　　　　　　　　　　　　　（以上『戦後企業会計史』p. 98）
　　　　　　　　　　　　　　安藤英義　　2006/12〜2017/2
　　　　　　　　　　　　　　　　　　　　（以下「企業会計審議会議事録」）
　　　　　　　　　　　　　　平松一夫　　2017/2〜2019/2
　　　　　　　　　　　　　　徳賀芳弘　　2019/2〜

エピローグ　佐藤倫正博士を悼む

1 佐藤博士との出会いと general

　佐藤倫正博士（岡山県出身、1947年9月19日〜2019年4月18日）を悼む。佐藤博士は一橋大学大学院商学研究科博士課程を修了。1982年〜1984年フルブライト若手研究員養成プログラムにより米国ワシントン大学留学。岡山大学経済学部、名古屋大学大学院経済学研究科および愛知学院大学大学院商学研究科において教授。

　2013年、岐阜経済大学開催の日本会計研究学会中部部会の席上、ある大学院生の報告で英語原文の general を「一般の」と訳していた。筆者は彼に対して「その意味は日本では普通だが、米国では『全体の』の意味だから、内容の理解が違ってくるのではないか」と発言した。同部会が終わって佐藤博士は筆者に「竹森さん、あの発言はよかった。おかげで僕が30年間、悩んでいた Anthony の真意が分かった」とかけよってきた。佐藤博士は米国留学後に『アンソニー財務会計論』の翻訳・出版を成し遂げた。ただしその過程で general を「一般の」と訳したために翻訳文が納得できなかったそうである。Anthony が重要であることを示すために general と記述していた部分を佐藤博士はわが国の常識に沿って「一般の」と訳していたのであるから食い違い感は当然だった。この感覚は日本人の間では見過ごされていることだった。

　一方、佐藤博士は在米留学当時、乗用車「キャデラック」のメーカーが General Motors であることが不思議だったらしい。訳は「一般自動車」となるが、この意味では田舎の修理工場のイメージ程度でしかない。これも筆者の指摘によって佐藤博士は General Motors が「最高自動車」や「全体自動車」であり、米国の最高級車種を生産販売するに足る社名であることを名実共に理解した。

　佐藤博士が抱いていた疑問はわが国最高の英語力を持つから出てきた。通常はこの疑問に至らず、筆者に反感を抱き、嫌悪を湧き立たせるものである。類似の例として英語における耳と年との取り違いはわが国

の通常の英語力では通じないが、佐藤博士は爆笑した。

② 佐藤博士による誤訳研究の勧め

　わが国においては会計学において「一般に公正妥当と認められた会計原則」という一文に疑問が生じることはない。むしろ必然性と統一性を備えた適訳と考える。佐藤博士は筆者の指摘によって『ウェブスター辞典』による意味を確認した結果、米国人が考える会計学がこれまでのわが国での常識と相当違うことを認識しショックを受けたようであり、筆者にこの問題を原稿にまとめるように勧めた。この瞬間、半世紀余り日本会計研究学会中部部会の片隅でツブヤいていただけの筆者の思いが研究という使命に脱皮した。以来、10年にわたる学会発表と『中部大学経営情報学部論集』上での発表となった。

③ 佐藤博士の未完の偉業

　佐藤博士は資金会計フォーラムを通じて「会計ルネサンス」を実現しようと試みていた。その一方で博士独自の研究構想が形を見せつつあった。内容は Stiglitz のフレームワークに Anthony の提唱する entity theory を取り組む理論構造だった。

　仮に佐藤博士が病魔に囚われて倒れることがなければ、着々と研究は進展し、わが国初のノーベル経済学賞が現実となったはずである。

　盟友佐藤倫正博士の冥福を祈る
　合掌

竹森　一正（たけもり　かずまさ）

【学歴】
東京都立北野高校から早稲田大学商学部進学、同大学院商学研究科博士課程単位取得満期退学。

【職歴】
財団法人電力中央研究所大手町研究所研究員を経て1983〜2013年中部大学助教授から教授。満期退職。名誉教授。

【主な研究業績】
2003年3月「日本環境会計的発展」『会計之友』中国山西省社会科学院（中国語）
2005年『ライフサイクル・コストマネジメントの理論と応用』創成社
2008年「アメリカ・エネルギー省におけるライフサイクル・コスト」『會計』第173巻第6号
2019年「『authoritative support』の和訳問題の解釈とFASBの新会計基準における意義」『中部大学経営情報学部論集』2019年第33巻第1・2号
2022年8月「GAAP翻訳研究論序説」日本会計研究学会第81回大会報告（東京大学ONLINE開催）

改訂GAAP翻訳研究論

2024年11月26日　初版第1刷発行

著　者	竹森一正
発行者	中田典昭
発行所	東京図書出版
発行発売	株式会社 リフレ出版 〒112-0001　東京都文京区白山5-4-1-2F 電話 (03)6772-7906　FAX 0120-41-8080
印　刷	株式会社 ブレイン

© Kazumasa Takemori
ISBN978-4-86641-814-8 C3034
Printed in Japan 2024

本書のコピー、スキャン、デジタル化等の無断複製は著作権法上での例外を除き禁じられています。本書を代行業者等の第三者に依頼してスキャンやデジタル化することは、たとえ個人や家庭内での利用であっても著作権法上認められておりません。

落丁・乱丁はお取替えいたします。
ご意見、ご感想をお寄せ下さい。